ETHIK IM ANTIKEN CHRISTENTUM

Studien der Patristischen Arbeitsgemeinschaft (SPA)
herausgegeben von Johannes van Oort *et alii*

1. J. van Amersfoort & J. van Oort (Hrsg.), *Juden und Christen in der Antike* (1990)

2. J. van Oort & U. Wickert (Hrsg.), *Christliche Exegese zwischen Nicaea und Chalkedon* (1992)

3. E. Mühlenberg & J. van Oort (Hrsg.), *Predigt in der Alten Kirche* (1994)

4. J. van Oort & J. Roldanus (Hrsg.), *Chalkedon: Geschichte und Aktualität* (1997)

5. J. van Oort & D. Wyrwa (Hrsg.), *Heiden und Christen im 5. Jahrhundert* (1998)

6. C. Markschies & J. van Oort (Hrsg.), *Zwischen Altertumswissenschaft und Theologie – Zur Relevanz der Patristik in Geschichte und Gegenwart* (2002)

7. J. van Oort & D. Wyrwa (Hrsg.), *Autobiographie und Hagiographie in der christlichen Antike* (2009)

8. O. Hesse & J. van Oort (Hrsg.), *Christentum und Politik in der Alten Kirche* (2009)

9. H. C. Brennecke & J. van Oort (Hrsg.), Ethik im antiken Christentum (2011)

Ethik im antiken Christentum

herausgegeben von
H. C. Brennecke und J. van Oort

PEETERS
2011
LEUVEN – WALPOLE, MA

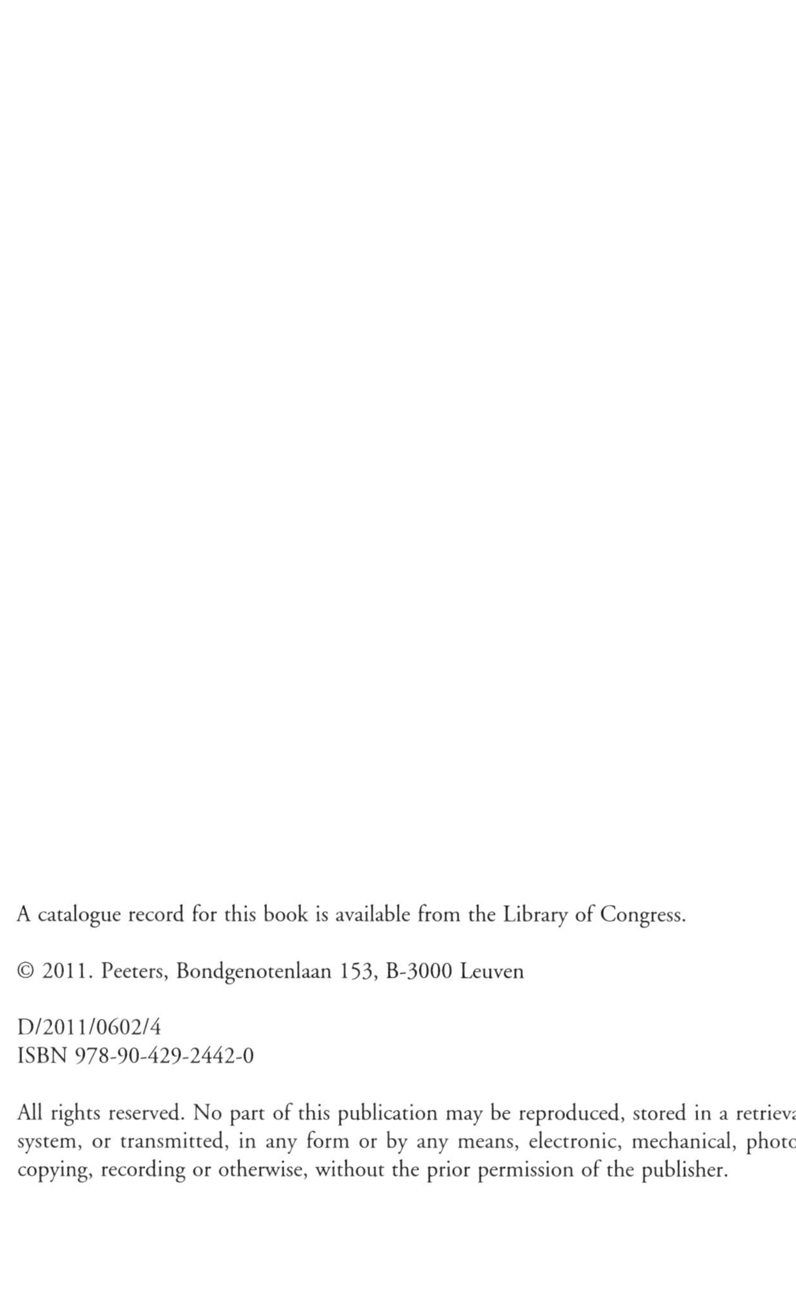

A catalogue record for this book is available from the Library of Congress.

D/2011/0602/4
ISBN 978-90-429-2442-0

INHALTSVERZEICHNIS

VORWORT

Hat das antike Christentum eine eigene Ethik, eine besondere christliche Lebensführung hervorgebracht? In welchem Verhältnis standen Modelle christlicher Lebensführung zu den Entwürfen des gleichzeitigen philosophischen Diskurses und wie haben sie wechselseitig aufeinander eingewirkt? Die Frage nach einer besonderen christlichen Ethik im Gespräch zu anderen ethischen Entwürfen scheint immer mehr an Interesse zu gewinnen. Gerade die vorkonstantinische Zeit nötigte zu einem ethischen Diskurs zwischen Juden, Christen und Heiden, wie er dann für nahezu eineinhalb Jahrtausende in einer sich ausschliesslich als christlich verstehenden Gesellschaft nicht mehr möglich war. Von daher gewinnt die ethische Debatte im antiken Christentum in Auseinandersetzung mit anderen Entwürfen für die Gegenwart immer mehr an Bedeutung für eine ethische Diskussion nun nicht mehr in einer sich selbstverständlich als christlich verstehenden Gesellschaft.

Zu dem Thema »Ethik im antiken Christentum« versammelte sich vom 2. bis 5. Januar 2003 die Patristische Arbeitsgemeinschaft wie alle zwei Jahre in den ersten Tagen des Januar, diesmal auf Einladung des Lehrstuhls für ältere Kirchengeschichte der Universität Erlangen in der Tagungsstätte der Evangelisch-Lutherischen Kirche in Bayern in Kloster Heilsbronn in der Nähe von Nürnberg. Wie üblich, war das Thema auf der vorhergehenden Tagung, jenesmal im Januar 2001 auf dem Hainstein bei Eisenach, diskutiert und beschlossen worden. Angesichts einer inzwischen unübersichtlich gewordenen Forschungslage, die im Moment noch kein einheitliches Bild erlaubt, war der Diskussionsbedarf hier erheblich und wird es wohl noch auf Jahre bleiben. Wenn die Teilnehmer am Ende der Tagung gemeinsam das Dokumentationszentrum Reichsparteitagsgelände in Nürnberg besuchten, so wurde das wohl von allen, die dabei waren, weniger als eine Art die Tagung umrankendes Kulturprogramm, sondern als unmittelbar zum Thema der Tagung gehörig empfunden.

Für das Programm und die dadurch gegebene Schwerpunktsetzung trägt der erstunterzeichnende Herausgeber die Verantwortung, auch für die aus vielerlei Gründen um Jahre verzögerte Veröffentlichung der Vorträge. Die Gespräche und Diskussionen sowie die intensive Lektüre und Textarbeit in verschiedenen Arbeitsgruppen von Origenes, contra Celsum I 4; VIII 52; commentarii in epistulam ad Romanos 2,9; Justin, 1. Apologie 12-17. 43f. und Lactanz, de ira Dei 6-8. 12 können leider in diesem Tagungsband keinen Niederschlag finden.

Zu danken ist den Referenten nicht nur für anregende Diskussionen in Heilsbronn und intensive Überarbeitung ihrer Vorträge – aus dem Beitrag von Ekkehard Mühlenberg ist in der Bearbeitung dann ein eigenes Buch geworden: Altchristliche Lebensführung zwischen Bibel und Tugendlehre. Ethik bei den griechischen Philosophen und den frühen Christen, AAWG. PH 272, Göttingen 2006 –, sondern auch für ihre Bereitschaft, ihre Beiträge zum Druck zu geben, sowie für ihre große Geduld.

Für die Durchführung des Treffens in Heilsbronn wie auch für die Vorbereitung dieses Bandes ist zu danken damaligen und heutigen Mitarbeiterinnen und Mitarbeitern am Erlanger Lehrstuhl für ältere Kirchengeschichte: Dr. Uta Heil, Dr. Annette von Stockhausen, Christian Müller und Michaela Durst. Hinter der Gesamtorganisation in Heilsbronn stand in bewährter Weise Heidemarie Erlwein. Ihnen allen sei – auch wenn inzwischen viel Zeit vergangen ist – ganz herzlich gedankt, ebenso dem Verlag Peeters für die Bereitschaft, die Vorträge auch dieses Treffens der Patristischen Arbeitsgemeinschaft zu veröffentlichen.

Erlangen und Utrecht/Nijmegen/Pretoria im November 2009
H.C. Brennecke
J. van Oort

Altchristliche Lebensführung zwischen Bibel und Tugendlehre[1]

EKKEHARD MÜHLENBERG (Göttingen)

Einleitung

In die Ethik der Alten Kirche soll eingeführt werden. Das Thema ist umfassend und könnte zu einer aufzählenden Übersicht verführen. Es sind deswegen einige Vorentscheidungen zu treffen. Meine ursprüngliche Absicht, die Bußdisziplin des vierten und fünften Jahrhunderts einzubeziehen, habe ich nicht verwirklichen können; dieser Bereich bleibt ein Forschungsdesiderat.

Die erste sachliche Vorentscheidung betrifft die Weite des Themas. Es sollte die Zeit der Alten Kirche ganz in den Blick kommen. Mir ist wohl bewußt, wie angreifbar ein solcher Versuch ist. Es gibt jedoch einige Gründe, an der Vorstellung ‚Alte Kirche' festzuhalten. Für die Ethik mag gelten, daß die unmittelbare und mittelbare Kenntnis der antiken Philosophie kennzeichnend ist. Bis Augustin einschließlich werden Philosophen und philosophische Schullehren aufgerufen und angerufen.

Die zweite Vorentscheidung betrifft die vorhandene Bearbeitung des Themas Ethik in der Zeit der Alten Kirche. Es gibt den monographischen Artikel »Ethik« von Albrecht Dihle in RAC 6 (1966) und sein Buch über die Theorie des Willens (1982)[2]. Weiterhin liegen vor Eric Osborn, Ethical Patterns in Early Christian Thought (1976)[3] und verschiedene Beiträge von Henry Chadwick, u.a. ein Vortrag aus dem Jahr 1988: The Originality of Early Christian Ethics[4]. Daß ich viel von

[1] Der Vortragstext ist geringfügig verändert und durch einige Belegverweise ergänzt worden. Während der Umsetzung in die Schriftfassung ist mir das Thema unaufhaltsam zu einer Monographie ausgewachsen, die separat veröffentlicht ist: Altchristliche Lebensführung zwischen Bibel und Tugendlehre. Ethik bei den griechischen Philosophen und den frühen Christen, Göttingen 2006 (AAWG.PH 272).

[2] Art. Ethik, in: RAC 6 (1966) 646-796; ders., The Theory of Will in Classical Antiquity (Sather Classical Lectures, vol. 48), Berkeley/California 1982 (dt. Die Vorstellung vom Willen in der Antike, Göttingen 1985).

[3] Cambridge 1976.

[4] A James Bryce Memorial Lecture delivered in the Wolfson Hall, Somerville College, on Friday 28 October 1988 (Copyright Somerville College 1990, ISBN 0 9504486

diesen Überblicken gelernt habe, versteht sich von selbst. Selbst wenn meine Kenntnis des Materials geringer ist, habe ich diesen Vorgängern nicht folgen wollen, obwohl ich bei der Vorbereitung oft versucht war, ihre Kategorien zu übernehmen. Ich unterscheide mich dadurch, daß ich nach dem Lebensgrund frage, aus dem heraus die frühen Christen über Lebensformen nachdachten und Anweisungen für ihre Zeitgenossen (und Nachfahren) gegeben haben.

Damit ist die dritte Vorentscheidung genannt, nämlich die Formulierung des Themas »Altchristliche Lebensführung zwischen Bibel und Tugendlehre«. Lebensführung ist meine Vorstellung, über die ein theologisches Gespräch mit den alten Christen eingeleitet werden kann. Denn wir stehen vor zwei Phänomenen: Einerseits der Dschungel ethischer Meinungen in der heutigen Zeit mit der Folge, daß keine Kategorie unbefangen benutzt werden kann, aber auch keine Kategorie zur Ethik der Alten einen Anknüpfungspunkt bietet. Der heute nicht völlig unbekannte Begriff »Lebensführung« könnte insofern eine Gesprächsmöglichkeit anbieten, als darin aus heutiger Sicht das Subjekt des Handelns und das Subjekt der Überlegung über das Handeln eingeschlossen sind; darüber hinaus können die alten Christen befragt werden, welche Einstellung, Haltung oder Gesinnung sie bei ihrer Ethik setzen und fordern. Andererseits das Ungeheuer, das uns aus der Alten Kirche entgegentritt und am lebhaften Gespräch hindert, nämlich ihre Weltverachtung und asketische Absonderung von der menschlichen Gesellschaft. Ich mildere diesen abschreckenden Anblick, wenn ich nach der Lebensführung frage. Denn Lebensführung schließt Lebensgestaltung ein, zumindest des eigenen persönlichen Lebens. Nach Lebensführung fragen könnte dann heißen, die theoretischen Abstraktionen neu in das Leben, das sie bestehen und gelingen lassen wollten, hineinzuziehen.

6 4); ders., The Sentences of Sextus. A Contribution to the History of Early Christian Ethics, Cambridge 1959; ders., Art. Enkrateia, in: RAC 5 (1962) 343-365; Art. Gewissen, in: RAC 10 (1978) 1025-1107; Art. Humanität, in: RAC 16 (1994) 663-711; vgl. auch J. Stelzenberger, Die Beziehungen der frühchristlichen Sittenlehre zur Ethik der Stoa. Eine moraltheologische Studie, München 1933; M. Spanneut, Le stoïcisme des pères de l'église. De Clément de Rome à Clément d'Alexandrie, Paris 1957; P. Brown, The Body and Society. Men, Women and Sexual Renunciation in Early Christianity, New York 1988 (dt. Die Keuschheit der Engel. Sexuelle Entsagung, Askese und Körperlichkeit im frühen Christentum, München 1991); E. Mühlenberg, From Early Christian Morality to Theological Ethics, in: StPatr 19 (1989) 203-215; hinzuzufügen ist noch P. Hadot, Philosophie als Lebensform. Geistige Übungen in der Antike, Berlin 1991.

Bemerkungen zur philosophischen Ethik der Antike

Aristoteles

In der Antike wird seit Sokrates die ethische Frage philosophisch behandelt. Welche Frage wird gestellt? Beim Lesen der antiken Schriften, die die Ethik betreffen, drängt sich der Eindruck auf, daß jede Schule eine eigene Frage stellte und daß sich dann noch die Schulen spalteten. Ein Sammler wie der Doxograph Diogenes Laërtius Anfang des dritten nachchristlichen Jahrhunderts weiß von zehn Schulen in der ethischen Philosophie zu berichten, aber die journalistische Aufbereitung mit Zahlen hilft wenig[5]. An den doxographischen Einteilungen läßt sich nicht ablesen, welche Fragen entscheidend waren. Ich vernachlässige die hellenistischen Schulstreitigkeiten und frage Aristoteles, welches die grundlegende ethische Frage sei, die philosophisch behandelt werden könne. Immerhin ist er es, der den Begriff »τὰ ἠθικά« erfunden hat und damit die Ethik als eine eigenständige Wissenschaft begründete[6]. Natürlich geht es um ἀρετή, eigentlich Tüchtigkeit, aber uns fast ausschließlich als Tugend geläufig. Zur Analyse dessen, was sittliche Tüchtigkeit oder Trefflichkeit sei, hält Aristoteles es für nötig, das Moment der Freiwilligkeit eigens herauszupräparieren. Sittliche Trefflichkeit, so stellt er fest, bezieht sich auf irrationale Regungen und auf Handlungen[7]. Aber die ausgeführte Handlung verrate nicht, ob sie freiwillig oder aus irgendeinem anderen Grund zustande gekommen sei. Sittlich zu beurteilen und mit Lob oder Tadel zu versehen sei nur das, was freiwillig geschehe. Nun sei aber der Begriff »freiwillig« viel zu weit gefaßt, stellt Aristoteles fest. Es helfe auch nicht, den Grund oder die Ursache des Handelns im Handelnden festzumachen, um zu einer sittlichen Beurteilung der Handlung zu gelangen. Man nehme den Vergleich mit Tieren. Sie begehren, und aus ihrem Begehren folgt die Handlung. Ähnlich bei Kindern, die aus Furcht oder Lust handeln – freiwillig und aus sich selber heraus ist es allemal[8]. Die irrationalen Regungen gehören nach Aristoteles zum Menschen selber und, wenn sie Handlungen auslösen, dann sind die Handelnden selber die Ursache, und die Handlung ist freiwillig. Aber diese formale Freiwilligkeit reicht nicht aus, um die Handlung sittlich beurteilen zu können. Deswegen führt Aristoteles ein neues Analyseinstrument ein, das helfen

[5] De vitis philosophorum, prol. 18.

[6] Pol. 1261 a 31; vgl. EN II 1, 1103 a 17.

[7] EN II 4-5, besonders 1106 b 24-25.

[8] Vgl. EN III 3 (1111 a 20 – b 3).

soll, die Ursache der Handlung im Handelnden für das ethische Urteil aufzuschlüsseln. Dafür bietet sich, meint Aristoteles, der Begriff »Entscheidung/Entschluß« (προαίρεσις) an[9]. Dieser Begriff genügt jedoch nicht in sich selbst, sondern dieser Begriff wird weiter seziert, um festzustellen, ob er in ganzem Umfang die Ursache der Handlung im Handelnden selber ist. Wie kommt also eine Entscheidung zustande, will Aristoteles wissen. Er zieht deswegen einen weiteren Aspekt aus, den der Überlegung (βούλευσις)[10]. Überlegt wird einzig und allein, ob ich handeln soll oder nicht. Denn die Situation des Handelnden zerlegt sich in den Wunsch, ein vorgegebenes Ziel zu erreichen, und das Mittel, um das Ziel erreichen zu können. Die Bewegungskraft, die zur Handlung führt, ist nicht Gegenstand der Überlegung, sondern die Überlegung richtet sich auf das Mittel, mit dem das Ziel erreicht werden kann. In diesem Sinne ist die Überlegung eine theoretische und keine praktische Tätigkeit. Für eine Handlung, die der Handelnde selber und aus sich heraus tut, muß das Mittel in der Verfügungsgewalt des Handelnden sein; das Mittel zum gewünschten Zweck wird also durch Überlegung gewählt. Ist das Mittel gewählt, so findet die Handlung statt. Das deutsche Wort Entschluß kommt der Ursache für die Handlung, die Aristoteles im Handelnden herauspräparieren will, am nächsten. In Aristoteles' Worten ist es die Wahl des Mittels zu einem Zweck, die das gewünschte Ziel erreichen kann, oder noch abgesicherter: das von der Überlegung über den Weg zum Ziel freigegebene Streben nach dem Ziel, das die Handlung auslöst und vollzieht. Diese Analyse dient allein der Antwort auf die Frage, ob eine Handlung ganz im Handelnden als einem vernunftbegabten Lebewesen ihre Ursache hat.

Aristoteles' Analyse hat jedoch noch gar nicht den Punkt erreicht, auf den es ihm eigentlich ankam. Er wollte wissen, unter welchen Bedingungen eine Handlung auf den sittlichen Wert des Handelnden schließen läßt, d.h. auf den Charakter dessen, der gehandelt hat. Dazu führt er u.a. die Frage ein, ob die sittliche Einsicht (φρόνησις), also die überlegende Beratung des Denkvermögens, im Entstehungsprozeß der Handlung nachgewiesen werden kann[11]. Sein Beispiel ist die gerechte Handlung als solche. Da gebe es doch auch die Bürger, die wir heute Bourgeois nennen könnten; es sind die Menschen, die tun, was die Gesetze fordern. Deren Handlungen sind gerecht, wie das Gesetz es befiehlt. Aber kann aus solchen Handlungen, fragt Aristoteles, erschlossen werden, daß diese Menschen auch Gerechte sind, in ihrem Charakter als gerecht und gut

[9] Vgl. EN III 4, besonders 1111 b 4-10.
[10] EN III 5; vgl. III 4, 1111 a 13-15.
[11] EN VI 1-2 und 13.

beurteilt werden können? Wir müßten wissen, sagt Aristoteles, in welcher Gesinnung sie das Rechte tun, ob als mitlaufende Muffel, aus Angst vor Strafe oder dergleichen. Auf die Gesinnung käme es an. Können die konstituierenden Elemente herauspräpariert werden? Dazu erweitert Aristoteles seinen Begriff »Entschluß/Wahl« (προαίρεσις). Der Entschluß ist nur richtig, wenn nicht nur die Mittel zum gewünschten Ziel, sondern auch das gewünschte Ziel selbst gut ist. Die praktische Vernunft, die die Ausführung einer bestimmten Tat überlegt, setzt das Ziel nicht selbst, sondern nimmt es als gesetzt. Woher kommt also in einer Person die bewegende Kraft, die ein Ziel mit dem Streben nach diesem Ziel setzt? Daß also das Gute gesetzt wird und dies als wünschenswert, als schön, als angenehm, als lustvoll? Aristoteles fragt, woraus sich für das handelnde Subjekt das Verlangen nach konkreten Gütern ergeben habe. Seine Antwort ist zögernd und nicht abschließend, aber er tendiert dazu: Haltung (ἕξις), die sich ständiger Betätigung wie eine eingeübte Gewohnheit verdanke; sie zeigt sich dem empirischen Forschen als ein Zustand und kann Gesinnung oder Charakter genannt werden. Das ist eine problematische Antwort und im Hinblick auf die Analyse des Aristoteles entweder ein logischer Zirkelschluß oder eine Aporie. Denn nun umfaßt der Entschluß (προαίρεσις) auch den vorausgesetzten Charakter, welcher entweder durch wiederholendes Handeln erst entsteht oder – aporetisch – als Gesinnung angeboren wäre.

Stoische Ethik

Ich stelle die Alternativen zur aristotelischen Ethik in thetischer Kürze vor. Sokrates und der platonische Sokrates setzten die sittliche Vortrefflichkeit mit der Erkenntnis des Guten gleich und behaupteten, daß die Erkenntnis des Guten die Macht besitzt, den Menschen ganz zu bestimmen. Nur insofern also die Erkenntnis des Guten lehrbar ist, ist die Tugend lehrbar und wird der Mensch gut durch das Wissen des Guten.

Der ethischen Begrifflichkeit der Stoa konnten sich nur wenige entziehen: Zustimmung (συγκατάληψις), Zueignung (οἰκείωσις), die Affekte als Krankheiten der Seele (νοσήματα τῆς ψυχῆς), die naturgemäßen Handlungen, die vollkommene Vernunfthandlungen sind (κατορθώματα), und davon unterschieden die zukommenden Handlungen (τὰ καθήκοντα), sittlich nicht absolut gut, nur wertvoll[12]. Die philosophische

[12] Die Stoa ist zwar eine Schule mit dogmatischer Tradition. Aber wo ihre Fragen aufbrachen, ist nicht leicht herauszufinden, da der erste vollständige Text von Epiktet (ca. 50-135 n.Chr.) stammt.

Popularität der Stoiker ergab sich aus der einseitigen und simplifizierenden Umbildung der aristotelischen Psychologie. Die Stoiker behaupteten, der menschlichen Natur (wie aller Natur) wohne der Trieb und das Streben inne, sich selbst zu bewahren und alles zur Förderung des eigenen vernunfthaften Selbst auf sich zu beziehen. Dieser der Vernunft (dem Logos) angeborene Trieb wird gefördert und vollendet durch das Wissen von sich selber, von der eigenen Vernunfthaftigkeit[13]. Dem Wortlaut des Sokrates folgen sie, den Sinn verändern sie. Das Wissen des Guten ist das Wissen des Guten für den Menschen[14]. Von Aristoteles übernahmen die Stoiker, daß zum handlungsorientierten Streben, dem Trieb also, der die Bewegungsursache ist, ein Gegenstand gehört, der erstrebt wird. Solche Objekte kommen von außen, sie wirken auf die Seele in der Form von Vorstellungen. Nach Aristoteles setzen die Vorstellungen unwillkürlich die Motorik der Affekte in Bewegung, sei es den Zorn, um sich dagegen zu wehren, sei es das Begehren, um die Lust zu gewinnen, und nach Aristoteles' theoretischer Analyse kann die praktische Vernunft den entstandenen Affekt steuern. Genau an diesem Punkt meinen die Stoiker, den Aristoteles verbessern zu können, ja zu müssen, weil hier doch alles Handeln von außen bestimmt sei, eben durch die äußere Zufälligkeit von Objekten, die mittels der Vorstellungen das Betriebssystem der Affekte in Gang setzen. Deswegen behaupten die Stoiker, daß der Trieb, der Affekt, erst auftreten dürfe, wenn die Vernunft das Vorstellungsobjekt auf seine Zuträglichkeit für das vernünftige Wesen des Menschen geprüft habe und ihm seine Zustimmung gebe[15]. Wenn die praktische Vernunft nach genauer Prüfung ihre Zustimmung gibt, dann ist der zur Handlung führende Trieb vernunfthaftig, von der Vernunft ausgelöst und sittlich gut. Die Affekte in ihrer Irrationalität sind also ausgeschaltet. Genau das müsse der Mensch lernen und einüben, ausgerüstet mit dem Wissen von seiner vernunfthaften Natur jedes Vorstellungsobjekt zu prüfen, ob es ihm zuträglich sei. Und wehe, wenn die praktische Vernunft zu schwach, also unzulänglich informiert über ihre eigene Natur, einem Vorstellungsobjekt seine Zustimmung gibt. Das Verfehlen des für den Menschen Guten ist also eine schwache und unentwickelte Erkenntnis, letztlich Irrtum. In populärer Form führt uns Epiktet (Anfang des 2.Jh.n.Chr.) den Ablauf vor. Seine Schüler fragt er zuerst: »Was hast du heute morgen gesehen? Einen Konsul? Geht dich die

[13] Vgl. Cicero, De finibus III 6,20-21.

[14] Vgl. Epiktet, Diss. I 1,23 u. 25,1.

[15] Vgl. Galen, De placitis V 1,4 (SVF III 461) und II 3,4.

Vorstellung Konsul etwas an? Nein, vernünftiger Mensch bist du, auch wenn du kein Konsul bist. Also verwirf die Vorstellung. – Was hast du gesehen? Eine schöne Frau? Geht dich das etwas an? Nein – also verwirf die Vorstellung.«[16] Unvernünftige Triebe, Affekte eben, dürfen gar nicht erst entstehen, müssen vor ihrem Aufkommen abgeschnitten werden, indem die Vorstellung kontrolliert wird. Die sittliche Tüchtigkeit besteht also in der Affektlosigkeit, der Leidenschaftslosigkeit (ἀπάθεια).

Christliche Überlegungen

Die frühen Christen haben die philosophische Ethik gekannt und in ihrer stoisierten Form weitestgehend übernommen. Wir finden Enkrateia und Affektlosigkeit (ἀπάθεια) als Tugend, wir finden Sünde als Leidenschaften und Affekte als Krankheiten; wir finden Sünde als Unbelehrtheit und Irrtum. Betrachten wir ein paar Beispiele genauer.

Erstens: Von Klemens und Origenes übernehme ich, daß Glaube genannt wird die Grundhaltung und Gesinnung, die nicht durch Lehren und Erkennen hervorgebracht wird, sondern durch aufmunternde Anrede und anschließend in Gehorsam einzuübende Lebensformen auszugestalten ist. Von den »glaubenden Christen« unterschieden und für sie vorausgesetzt sind einige wenige Menschen (Gnostiker), die über den Glauben hinaus auch Erkenntnis besitzen, Erkenntnis Gottes; sie allein wissen, wie Glaube hervorgerufen und in welcher Weise Glaube zu einer Lebensführung in Gehorsam überführt wird. Es gibt bei Klemens eine Lebensführung für die Glaubenden (Paidagogos) und eine Lebensführung für die Erkennenden (Gnostiker). Vollkommenheit ist die Gesinnung aus eigener Erkenntnis, nicht Furcht vor Strafe oder Erwartung einer Belohnung, und diese Haltung ist über den Glauben hinaus die Erkenntnis.[17] In einer beständigen Lebensführung gemäß der Erkenntnis des Guten wird schon das ewige Leben gelebt[18]. Folglich eine Stufenethik, realistisch eine Zweiklassenethik.

Zweitens: Es ist bekannt, daß die Christen dem Bösen mehr Macht zuschreiben als die Philosophen[19]. Origenes teilt mit, daß einfältige Christen (simpliciores) behaupten, alle Sünde sei vom Teufel verursacht,

[16] Vgl. Epiktet, Diss. III 3,14-15.

[17] Vgl. Klemens, Strom. IV 29,4; 30,3; Gregor von Nyssa, De vita Moysis II Schluß (GNO VII 1 p.144,15sqq.).

[18] Vgl. Klemens, Strom. IV 25-41.

[19] Vgl. A. Dihle, Art. Ethik, in: RAC 6 (1966) 681.

und, so faßt Origenes ihre Meinung zusammen, »wenn der Teufel nicht wäre, würde kein Mensch mehr sündigen«[20]. Origenes sieht sich veranlaßt, diese christliche Volksmeinung nicht abzuweisen, sondern zu adaptieren[21]. Ja, in der Tat, es gibt feindliche Mächte. Sie kriegen gegen die Christen, sie nehmen Wohnung in ihren Herzen. Insbesondere in der allegorischen Auslegung der Kriege bei der Landnahme Josuas werden die feindlichen Mächte beschrieben und identifiziert[22]. Es sind die Laster, die Schlechtigkeiten, die zur Sünde verführen wollen, das Heer des Satans. Vor der Taufe herrschten sie über den Menschen wie selbstherrliche Könige. Aber von Josua heißt es, daß sie sich alle zur Schlacht versammelten und daß Josua sie alle tötete. Der geistliche Ausleger Origenes weiß, daß der israelitische Josua den Jesus Christus symbolisiert. Deswegen werde zu Recht geglaubt, daß Jesus Christus alle feindliche Macht überwindet und besiegt, so daß in der Taufe diese Beherrscher des Menschen vernichtet werden. Aber, von Origenes nicht konsistent erklärt, seien sie jetzt beim getauften Christen immer noch tätig. Sie sollen sich nähern, meint Origenes, damit jeder einzelne den Sieg selber erringen kann. Sie kommen also, um ihren Wohnsitz zurückzuerobern. »Überwinde sie!« ist die Devise für die Lebensführung der Christen. »Überwinde den Dämon der Unzucht dadurch, daß du keusch und züchtig lebst.« Weiter ausgeführt ist das Bild der Geisterschlacht so zu verstehen, daß die Dämonen sich in der Seele einnisten wollen, wenn sie dort ein Einlaßloch finden, d.h. modern, sie wollen sich andocken und dann die Seele übernehmen. »Würg sie ab«, rät Origenes, »drück ihnen die Gurgel zu und gib ihnen keinen Anhaltspunkt zum Andocken.« Origenes' Sprache schillert zwischen der fabulösen Ausmalung und der philosophischen Psychologie, wohl vorwiegend der stoischen Affektenlehre. Wenn jede Regung der irrationalen Seelenkräfte ausgetilgt ist, werden die bösen Geister, die auf diesen Menschen losgehen, machtlos und sind überwunden. Affektlosigkeit zu erreichen ist also das Ziel christlicher Lebensführung. Beschrieben werden die andringenden Dämonen wie die Vorstellungen (φαντασίαι) bei den Stoikern, ausgelöst von den Regungen des Körpers. Aber nach Origenes haben die, wie er sagt, bösen Gedanken im Herzen des Menschen ihren Ursprung, obwohl

[20] De principiis III 2,1 (p. 246,29-30 Koetschau).

[21] Vgl. H. Langerbeck, Die Anthropologie der alexandrinischen Gnosis, in: ders., Aufsätze zur Gnosis. Aus dem Nachlaß hrsg. v. H. Dörries, Göttingen 1967 (AAWG. PH 69), S. 54-62.

[22] Vgl. Josua 11,1-11 und Origenes, Hom. XIV-XV in Jos.

sie gleichzeitig als Dämonen beschrieben werden. Jeder Christ solle ständig das geistliche Schwert schwingen, um so viele wie möglich zu vernichten.

Drittens: Die Asketen in der Wüste machten zur Lebensform, was Origenes beschreibt[23]. So ist in der Tat als Lebensform die christliche Erfahrung in der Abgeschiedenheit der Wüste vorgestellt worden, paradigmatisch in der Vita Antonii des Athanasius um 360 n.Chr. In der Wüstenerfahrung scheinen die äußeren Einflüsse fast ganz ausgeschaltet zu sein. Vorstellungsobjekte, die das Leben in der Stadt bietet und unkontrollierbar dem Menschen aufdrängt, sind nicht gegenwärtig. Im wesentlichen ist der Mensch mit sich alleine, den Sinneseindrücken entflohen. Aber nachdem Antonius in die Einsamkeit gegangen ist, beginnt erst die eigentliche Geschichte. Was Origenes mit dem Bibelwort sagte: »Aus dem Herzen kommen böse Gedanken« (Mt 15,19), bewahrheitet sich jetzt: aus dem eigenen Ich steigen die bösen Gedanken auf, und in der Gestalt von Dämonen attackieren sie den Menschen. Erst sind es Erinnerungen an die Welt, die der Eremit verlassen hat; dann ist es seine körperliche Existenz, die sich dämonisch meldet, und letztlich ist es sein Geist in sich selber, der dem Stolz oder Hochmut ausgesetzt ist[24]. Für jeden Dämon fanden die Eremiten Anweisungen, wie das Leben zu führen sei, um den Dämon zu besiegen, also ihm eine Tugend entgegenzustellen. Dementsprechend wurde das Leben in der Wüste eingerichtet und ausgestaltet. Dazu wurden Anweisungen formuliert, vielleicht zuerst in Lebensbeschreibungen eingebunden, um als Vorbild zur Nachahmung dienen zu können; dann aber verselbständigten sich die Anweisungen, wurden wohl ab Mitte oder eher gegen Ende des fünften Jahrhunderts in Spruchsammlungen vereinigt, so daß in jeder Situation eine Anweisung aus der Wüstenerfahrung gefunden werden konnte. In stereotyper Form heißt es: »Vater, sag mir ein Wort«. Der Anfänger bittet also den Erfahrenen um Rat, welcher Dämon ihn jetzt angreife und gegen welchen Dämon er sich jetzt rüsten solle. Und der erfahrene Vater – auch einige Mütter – geben ein Bildwort zur Meditation über die Weise, wie die Anfechtung ausgehalten werden kann. Ein Bildwort ist ein Spruch, der eine bildliche Vorstellung erzeugte und so der Stimulation, die ein

[23] In meiner Monographie (s.o.Anm. 1) habe ich drei Muster christlicher Lebensführung (Märtyrer, Virginität, Demut als monastische Lebensform) vorgestellt. Hier verfolge ich nur den Gedanken, wie trotz der philosophischen Vorgaben der Begriff der Tugend problematisiert werden konnte.

[24] Vgl. Athanasius, Vita Antonii 5-6 und das Nicht-Rühmen in 38. S.u.Anm. 26.

böser Gedanke erzeugen wollte, entgegenstand. Früh systematisiert hat Evagrius, der geistige Schüler des Origenes, die Erfahrung. Und es ist bemerkenswert, daß eine Quelle für seine »Acht Laster und Tugenden« eine Schrift aus der peripatetischen (1.Jh.v.Chr. oder n.Chr.) Schule ist[25]. Aber die Tradition ist lang (Philo von Alexandrien) und breit (schließt die bekannten Kirchenväter ein). Jedem Dämon steht eine Tugend gegenüber, die die irrationalen

Regungen der Seele auf ihre nützliche Bewegung reduziert. Affektlosigkeit ist zusammengefaßt der Nutzen des erzürnbaren Triebes (τὸ θυμητικόν), weil zur stets wachen Abwehr der Dämonen rufend, während der begehrende Trieb (τὸ ἐπιθυμητικόν) die Tugend erstreben läßt und das Vergnügen aus geistlicher Erkenntnis beisteuert. Diese Heilung der Affekte und in diesem Sinne Affektlosigkeit zu erreichen war das Ziel, dem die Wüstenväter vielfältige »Worte« (ἀποφθέγματα) und Anweisungen gaben, zum Umgang mit sich selber für die 24 Stunden eines Tages und bei einem sparsamen Umgang mit Genossen. In der Vita Antonii und bei Evagrius deutet sich an, daß der Stolz oder Hochmut (ὑπερηφανία) die ständige Versuchung ist, so daß die Demut (ταπεινοφροσύνη) die Richtschnur für die Lebensgestaltung wird. Von Antonius wird das Wort überliefert: »Ich sah, daß die ganze Erde mit Fallen des Feindes bedeckt war. Unter Seufzen sagte ich: Wer entgeht ihnen? Und ich hörte eine Stimme: die Demut.«[26] Das konnte weitergebildet werden zur Maxime: »Nimm niemals Maß!« und konnte ausgeführt werden: »Die Demut, das ist sich als Sünder vor Gott zu wissen und nichts Gutes getan zu haben.« Das schließt ein: immer den Blick zur Erde, Essenssitten, den Normalgruß: »Verzeih mir Bruder« und einerseits: »Beichte deine sündigen Gedanken deinem Abbas«, und andererseits: »Verachte nicht deinen Bruder wegen eines Fehlers.«[27] Demut ist Gesinnung. Origenes hatte versucht, Demut als Tugend zu bestimmen[28]. Es läßt sich in der Folge

[25] Vgl. Evagrius, Practicus 6 u.ö.; zu 89 kann A. Guillaumont im Anschluß an S. Schiewitz die Quelle angeben: Ps. Aristoteles, De virtutibus et vitiis, ed. F. Susemihl, Aristoteles: Ethica Eudemia, Leipzig 1884, S. 181-194. A. u. C. Guillaumont, Évagre le Pontique. Traité pratique ou le moine, Paris 1971 (SC 171), S. 681-683.

[26] Apophthegmata, Antonius 7 (PG 65, 77 AB).

[27] Jesajas Monachus (CPG 5555), Logos 9 und Logos 20 (ed. Schoinas); bei R. Draguet (Les cinq recensions de l'Ascéticon syriaque d'Abba Isaïe, CSCO 293, 1968) Logos IV und Logos V. Jesajas (gest. 491 n.Chr.) ist ein abschließendes und zugleich strukturierendes Sammelbecken (redigiert von seinem Schüler Petrus) unter dem Begriff »Demut«.

[28] Origenes, Hom. 8 in Lucam (zu Lk 1,48). A. Dihle hat herauspräpariert, wie Origenes die Demut als eine Tugend im antiken Sinne erweist; vgl. Art. Demut, in: RAC 3

beobachten, wie die Wahrnehmung wächst, daß Demut schwerlich der Tugenddefinition der philosophischen Ethik gleichgesetzt werden konnte. Denn zu einer erreichbaren »Trefflichkeit« konnte sie nicht parzelliert werden; sie verwirklicht sich vielmehr im endlosen Kampf.

Übergangen habe ich den biblischen Ausgangspunkt, den Athanasius in der Vita Antonii festgehalten hat. Antonius nimmt wörtlich als Gottes Gebote: »Verkaufe alles, was du hast...« (Mt 19,21) und: »Sorge nicht für den morgigen Tag« (Mt 6,34). Die Gottesgebote veranlassen den Weg in die Wüste[29]. Die von Basilius geformte Askese geht von der Bibel aus, sucht im Gottesgesetz nach den Bestimmungen, denen zu folgen sei (Moralia = Ὅροι) und klärt die sich ergebende Lebensform in Frage und Antwort (sog. Regulae), alles aus dem Gebot abgeleitet: Liebe Gott und deinen Nächsten (Mt 22,36-40). Es läßt sich die bibelbezogene Ethik des Basilius von Caesarea als Gehorsamsethik klassifizieren. Das Erfragen, wie dem göttlichen Gebot Gehorsam geleistet werden soll, weist in die monastische Gemeinschaft als der gebotenen Lebensform; ihr Ideal ist die Beschaffenheit der Engel. Der deutsche Buchtitel »Die Keuschheit der Engel« verzerrt, weil die fürsorgende Hingabe an den Nächsten ausgeblendet ist[30].

Es ergibt sich also: Die Askese bis zu Enkrateia und Freiheit von den Leidenschaften (ἀπάθεια) soll die Lebensführung bestimmen, und die Gesinnung soll die Demut sein, die sich in der monastischen Lebensform verwirklicht. Die monastische Lebensform wird zum Paradigma, und christliche Vollkommenheit hat in ihr das Muster. Die Liebe zu Gott ist im Endeffekt als Abwendung von der Welt verstanden, und vom Weltchristen kann nur in Zugeständnissen an eine mindere Vollkommenheit oder isoliert von einzelnen Tugenden gesprochen werden. Warum? Weil die Gottesschau im Sinne platonischer Erkenntnis verstanden wurde; sie sprach die dianoetischen Kräfte im Menschen an.

Das Ziel menschlicher Lebensführung war den Christen dem kontemplativen Leben (βίος θεωρητικός) so ähnlich, daß die philosophische Psychologie zu unkritisch übernommen wurde. Daran änderte auch

(1957) 755-756. Eine Korrektur findet sich in seinem Art. Ethik, in: RAC 6 (1966) 777-778.

29 Vita Antonii 2-3.

30 Zum Titel s.o.Anm. 4. Zu Basilius vgl. K. Koschorke, Spuren der alten Liebe. Studien zum Kirchenbegriff des Basilius von Caesarea, Fribourg 1991 (Paradosis 32). Zu »Gehorsam« vgl. J. Gribomont, Obéissance et Évangile selon Basile le Grand (1952), in: ders., Saint Basile. Évangile et Église. Mélanges II, Bellefontaine 1984, S. 270-294.

Augustins Entdecken des Willens nichts. Denn so sagt er es einmal: »Die Liebe zur Wahrheit ist es, die die heilige Ruhe sucht, aber der Zwang der Liebe, die gottwohlgefällige Unruhe auf sich nimmt.«[31]

Die ‚Liebe zu Gott' an die Stelle des ‚Glaubens an Gott' zu setzen führte in die Sackgasse des Klosters.

[31] »...otium sanctum quaerit caritas veritatis, negotium iustum suscipit necessitas caritatis« (De civitate dei XIX 19).

»Besinge das Kind im Menschen«

Ein Element platonischer Ethik als Hintergrund von Clemens' Paedagogus.

MICHAEL ERLER (Würzburg)

1. *Einleitng*

Im folgenden möchte ich einen kleinen Beitrag bei der Suche nach Konvergenzpunkten von antiker, paganer und christlicher Ethik leisten und an einem Beispiel zeigen, auf welche Art und Weise ein paganes Konzept philosophischer Paideia mit christlichen Vorstellungen konvergiert und in christlichen Kontext integriert wird. Gerade im Bereich der Ethik werden derartige Konvergenzen durch den Umstand erleichtert, dass antike Philosophie sich spätestens seit Sokrates und Platon – wenn auch in unterschiedlicher Gewichtung – durch einen stark praktischen Charakter auszeichnet. Dieses praktische Element manifestiert sich im Streben nach Selbstgestaltung. Es folgt damit der für alle Philosophenschulen gültigen Sokratischen Maxime, dass Philosophie ‚Sorge um die eigene Seele' zu sein hat, um die Eudaimonia im Jenseits – wie Platon – oder im Diesseits – wie die hellenistischen Philosophenschulen – zu erreichen[1]. Voraussetzung ist die delphisch platonische Aufforderung zu Selbsterkenntnis. Diese Vorgabe umfasst sowohl die theoretische Frage, worin denn dieses Selbst besteht, als auch die praktische, wie die Seele disponiert ist oder disponiert sein soll, von welchen Affekten sie kontrolliert befallen sein darf oder von welchen sie frei sein sollte, wenn sie das gesteckte Ziel erreichen will. Mögliche Konvergenzen zwischen pagan platonischen und christlichen Vorstellungen betreffen sowohl die Zielvorgaben als auch die Methode dieser Bemühungen. Offenbar war es nicht zuletzt der praktische Aspekt, der pagane Philosophie für jene christlichen Denker offenbar attraktiv machte, die sich darum bemühten,

[1] Vgl. Plat. apol. 36c; K. Döring, Sokrates, in: Grundriss der Geschichte der Philosophie. Die Philosophie der Antike hg. von H. Flashar, Bd. 2, 1, Basel 1998, 141–178, bes. 157–159; zu Sokrates im Hellenismus vgl. auch M. Erler, Sokrates' Rolle im Hellenismus, in: H. Kessler (Hg.), Sokrates. Nachfolge und Eigenwege. Sokrates-Studien V, Zug-Schweiz 2001, 201–232.

ihren Glauben durch Theoreme antiker Philosophen zu erklären oder zu affirmieren.

Eine wichtige Rolle in diesem Prozess von Konvergenz und Transformation spielt Clemens aus Alexandrien, der antiker Philosophie – und das meint vorrangig Platon[2] – die Rolle Hagars, also einer Magd oder Propädeutik für christliche Belehrung zubilligt, die ihrerseits zu einer Philosophie nach Christus wird[3]. Clemens' Offenheit gegenüber paganen Vorstellungen stießen allerdings auf Widerstände. Denn, so muss er konstatieren, »die meisten fürchten sich vor der griechischen Philosophie wie die Kinder vor Gespenstern«[4]. Clemens sieht seine Aufgabe darin, den Menschen und Gegnern ihre Angst zu nehmen. Er ist überzeugt: »Wenn man nun /..../die Wahrheit, die unter den vielen Wahrscheinlichkeitslehren der Griechen wie unter den Masken das wirkliche Gesicht verborgen ist, zu erkennen strebt, so wird man sie nach eifrigem Bemühen schließlich ausfindig machen«[5].

Clemens rechtfertigte die Rezeption paganer Philosophie also damit, dass sie keineswegs ein Schreckgespenst sei, sondern »entlarvt werde und dann nützlich sein könne«. Gefordert ist also Aufklärung über die paganen Schreckensmasken und Schreckensgeschichten. Bei dieser Entlarvung kann es dann zu Konvergenzen und Modifikation von christlichen und paganen Vorstellungen in Zielvorgabe und Methode kommen. Derartige Konvergenzen gibt es schon bei der Zielvorgabe, die ein paganer Philosoph wie Platon in einer Anähnlichung des Menschen an Gott sieht[6].

[2] Clem. paed. 3, 54, 2 ὁ πάντα ἄριστος Πλάτων ,wahrheitsliebender, Philosoph; vgl. Clem. paed. 2, 42, 1; 2, 91, 1, 3, 54, 2; D. Wyrwa (Die christliche Platonaneignung in den Stromateis des Clemens von Alexandrien, Berlin-New York 1983) geht von direkter Platonkenntnis des Clemens aus. Oft wird Platon von Clemens aus Sicht der von Clemens ebenfalls hochgeschätzten Stoa gelesen, vgl. M. Pohlenz, Klemens von Alexandreia und sein hellenisches Christentum, NAWG 1943, 103–180; jetzt in: M. Pohlenz, Kleine Schriften Hildesheim 1965, Bd. 1, 481–558 (danach zitiert), bes. 483–5 (der ehemalige Stoiker Pantainos war Clemens' Lehrer). Vgl. E. Osborne, The Emergence of Christian Theology, Cambridge 1993, 271ff. 307–313.

[3] Vgl. Clem. strom. 1, 30–32, VI 67, 2; dazu Pohlenz, Klemens 487.

[4] Clem. strom. 6, 80, 5, οἱ πολλοὶ δὲ καθάπερ οἱ παῖδες τὰ μορμολυκεῖα, οὕτως δεδίασι τὴν Ἑλληνικὴν φιλοσοφίαν, φοβούμενοι μὴ ἀπαγάγῃ αὐτούς.

[5] Clem. strom. 2,1, 3, 5. Übersetzung hier wie auch sonst von O. Stählin, Des Clemens von Alexandreia Teppiche wissenschaftlicher Darlegungen entsprechend der wahren Philosophie (Stromateis), BKV II 17, München 1936; Osborne, The Emergence (Philosophie als praeparatio 271 ff., Plato 274 f.).

[6] Vgl. Plat. rep. 500c–501b. 613a–b; leg. 716c–d; Phaid. 81a-84b; Phaidr. 245c–249a; Tim. 41d–47c. 90a–d. Zur Lehre von Homoiosis bei Platon H. Merki, HOMOIOSIS THEOI. Von der platonischen Angleichung an Gott zur Gottähnlichkeit bei Gregor

Denn auch Clemens' praktische Ethik mündet in dem Versprechen, dass der Mensch, der die Ideen schaut, leben werde als ein Gott auf Erden. Er schließt sich damit der platonischen Telosformel von der Angleichung an Gott an[7]. Beachtet man die Wortwahl, so stellt man zudem fest, dass sich Clemens Formulierungen bedient, die einem anderen paganen Philosoph, Epikur, dem Gegner Platons und Feind der Christen, entliehen sind. Dort verspricht Epikur, wer seine Lehre befolge, werde wie (ὡς) ein Gott auf Erden leben. Der Unterschied zwischen ,wie' und ,als' ist programmatisch und sollte nicht übersehen werden. Denn zum einen reflektiert der Unterschied im Ausdruck den inhaltlichen Unterschied zwischen platonischer und epikureischer Psychologie. Nur der unsterblichen Seele Platons ist es nämlich möglich ,als' Gott unter den Menschen zu leben. Die sterbliche Seele Epikurs bringt es nur zu einem ,deus mortalis', also zu einem Leben wie Gott unter den Menschen[8]. Genau hier bietet Clemens eine christliche Umdeutung an. Bei ihm bringt es die Seele zwar sozusagen zu einem ,als', – Clemens entscheidet sich also wie zu erwarten für Platon und gegen Epikur – aber nicht zu einem Gott, sondern zu einem Engel. Platonisch epikureische Form wird mit christlichem Inhalt gefüllt, der sich der vorgegebenen Form anpasst. Die Form

von Nyssa, Freiburg 1952. J. Passmore, The Perfectibility of Man, London 1970; D. Roloff, Gottähnlichkeit, Vergöttlichung und Erhöhung zu seligem Leben. Untersuchungen zur Herkunft der platonischen Angleichung an Gott, Berlin 1970; D.S. du Toit, THEIOS ANTHROPOS, Tübingen 1997; D. Sedley, ,Becoming like God' in the Timaeus and Aristotle, in: Th. Calvo and L. Brisson (edd.), Interpreting the Timaeus-Critias, Sankt Augustin 1997, 327–339; ders., The Ideal of Godlikeness, in: G. Fine (Hg.), Plato vol. 2: (ethics, politics, religion, and the soul), Oxford 1999, 309–328.

7 Vgl. Clem. paed. 1, 4, 2: »[Gott] ist für uns das fleckenlose Vorbild; ihm unsere Seele ähnlich zu machen, müssen wir mit aller Kraft versuchen/…./. Nichts ist so dringend nötig wie, dass wir uns zuerst von den Leidenschaften und Krankheiten der Seelen befreien und sodann es vermeiden, leichtfertig in die Gewohnheit der Sünden zu verfallen«. Übersetzung von O. Stählin, Des Clemens von Alexandreia Mahnrede an die Heiden. Der Erzieher, München 1934. Der Paedagogos jetzt zitiert nach M. Marcovich, Clementis Alexandrini Paedagogus, ed. M. Marcovich, adiuv. J.C.M. van Winden, Leiden 2002.

8 Vgl. Clem. strom. 4, 155, 2-4 (= Dörrie-Baltes 130, 2 Z. 2) θεὸν ἐν ἀνθρώποις ζήσεσθαί φησι, dazu Dörrie-Baltes 5, 307-312 (H. Dörrie, M. Baltes, Der Platonismus in der Antike, Band 5, Stuttgart-Bad Cannstatt 1998). Zu Epikur vgl. Ep. ep. Men. 135 ὡς θεὸς ἐν ἀνθρώποις; vgl. Lucr. de rerum natura V 1ff., dazu M. Erler, Epicurus as *deus mortalis*: Homoiosis Theoi and Epicurean Self-cultivation, in: D. Frede und A. Laks, (Hgg.), Tradition of Theology: Studies in Hellenistic Theology, its Background and Aftermath, Leiden-Boston-Köln 2002, 159–182.

richtet sich dabei nach dem neuen Inhalt. Ergebnis ist eine Telosformel christlicher Ethik, die sich ‚des entlarvten Schreckgespenstes' paganer Philosophie bedient.

Ein ähnlicher Palintomos Harmonia von Konvergenz und Differenz lässt sich auch bei Clemens' Vorstellung beobachten, wie das vorgegebene Ziel zu erreichen ist. Diese Vorstellung von griechischer Philosophie als Schreckensmaske, die es als unwirksam zu entlarven gilt, gehört in den Kontext einer weiteren platonischen Metapher, die neben ihrer berühmteren Schwester – der platonischen Metapher vom inneren Menschen[9] – eine bisher zu wenig beachtete, aber wichtige Rolle im Ethikkonzept pagager Philosophie gespielt hat: Die Metapher vom ‚Kind im Mann' als Quelle jener Emotionen, die zu kontrollieren sind, will man für die Aufnahme philosophischer Belehrung vorbereitet sein. Die Metapher vom ‚Kind im Mann' markiert bis in die Spätantike eine wichtige Station im Curriculum paganer Ethik[10]. Der Pädagogus zeigt, dass Clemens auch diese platonische Tradition praktischer Ethik kennt, adaptiert und als Signum in ein Konzept pädagogischer Propädeutik für christliche Lehre integriert. Um dies zu zeigen sei zunächst ein Blick in den Pädagogus geworfen, dann Platons Phaidon herangezogen und schließlich auf Konvergenzen und Differenzen hingewiesen.

2. *Clemens Paedagogus*

Die Ethik bildet eine Art Zentrum von Clemens' philosophischem Konzept. Für Clemens ist die Ethik, insbesondere der praktische Teil der Ethik, von großer Bedeutung, geht es ihm doch – durchaus in Konkurrenz zu paganen Philosophen – darum, Heiden für das Christentum zu gewinnen. Denn – so seine Überzeugung – erst muss man den frommen Sinn wecken, den Menschen von Unwissen und Affekten reinigen, um dann schließlich dogmatisch Belehrung folgen zu lassen. Formal in der

[9] Zur Metapher vom ‚Inneren Menschen' vgl. Chr. Markschies, Die platonische Metapher vom ‚inneren Menschen': eine Brücke zwischen antiker Philosophie und altchristlicher Theologie, in: ZKG 105, 1994, 1–17.

[10] Zur Geschichte dieser Metapher hoffe ich bald eine Arbeit vorlegen zu können. vgl. vorläufig M. Erler: Sokrates in der Höhle. Argumente als Affekttherapie im Gorgias und im Phaidon, in: Marcel van Ackeren (Hg.): Platon Verstehen. Die Perspektiven der Forschung, Darmstadt 2004, 57–68. Zum Metaphergebrauch bei Platon vgl. E.E. Pender, Images of Persons Unseen: The Cognitive and Rhetorical Significence of Plato's Metaphors for the Gods and the Soul, St. Augustin 2000 (das Bild vom Kind im Mann wird nicht behandelt).

Nachfolge stoischer Vorbilder, inhaltlich aber in der Nachfolge Platons gehört für Clemens zur praktischen Ethik – bezogen auf Charakter, Handlungen und Affekte – ein Programm, das Bekehrung – Protrepse – Therapie – Paramythie oder Hypothetik- und schließlich Didache umfasst. Dabei gilt es zunächst, fromme Einstellung zu wecken und die Seele von allem zu reinigen, was hinderlich ist[11]. Von diesem pädagogische Konzept hat sich Clemens offenbar auch bei seiner wohl geplanten Werktrilogie ‚Protreptikos, Paidagogos und Didaskal(ik)os' leiten lassen[12]. Von großer Bedeutung ist in diesem ‚Curriculum' vor allem in der zweiten Phase die Kontrolle der Affekte[13]. Nach der Bekehrung zum neuen Glauben durch die Protrepse soll die Seele durch Paramythie zur Aufnahme des neuen Wissens bereit gemacht werden, ehe die Didache erfolgen kann. Denn die eigentliche Belehrung durch den Logos wird in diesem Stadium vorbereitet, aber noch nicht vollzogen. Im Kontext der Praeparatio kann nach Clemens' Überzeugung pagane Philosophie als Material für die Seelentherapie genutzt werden.

Für die Didache ist uns kein eigener Text erhalten[14]. Die Stationen Protrepse und Praeparatio hingegen werden durch Clemens' erhaltene Schriften ‚Protreptikos' und ‚Paidagogos' repräsentiert. Beide Schriften

[11] Vgl. Clem. paed. 1, 1-3; Pohlenz, Clemens 493. Die praktische Ethik wird dabei in die Aspekte der Protrepse (προτρεπτικός), der Affekttherapie (ὑποθετικός, παραμυθητικός) und die Belehrung (διδασκαλικός) geschieden. Hier werden oft Vorstellungen des Poseidonios als Bezugspunkt angeführt (Sen. Epist. 95, 65=Fr. 176 Edelstein-Kidd (Posidonius, I. The Fragments, hg. v. L. Edelstein und I. G. Kidd, Cambridge 1972 mit Comm. Bd. 2, 646–651 (Posidonius, II. The Commentary, Cambridge 1988); vgl. A. Dihle, Posidonius System of Formal Philosophy, JHS 73, 1973, 50–57; E. Mühlenberg, From Early Christian Morality to Theological Ethics, Studia Patristica XIX 1989 (papers presented to the Tenth International Conference on Patristic Studies held in Oxford 1987), 203–215, bes. 204–208. Zu Problemen vgl. auch H.-I. Marrou, Clément d'Alexandrie, Le Pédagogue, Livre I, Introduction et notes de Henri-Irénée Marrou, trad. de Marguerite Harl, SC 70, Paris 1960, 11 ff.

[12] Vgl. Chr. Riedweg (Mysterienterminologie bei Platon, Philon und Klemens von Alexandria, Berlin-New York 1987, bes. 137 mit Anm. 30), der darauf hinweist, dass die Phasen des Lernprozesses bei Clemens gern mit Mysterieneinweihung verglichen werden (123 ff.). Bestritten von F. Quatember, Die christliche Lebenshaltung de Klemens von Alexandrien nach seinem Pädagogus. Mit einer kritischen Voruntersuchung über die Person des Klemens und sein Werk, den Pädagogus, Wien 1964, 29 ff.

[13] Die Aufnahme der göttlichen Lehre bedarf der vorhergehender Reinigung (vgl. Clem. strom. 7, 56, 2; dazu Riedweg, Mysterienterminologie 142). Diese Reinigung ist vor allem Aufgabe der Paramythie (vgl. Clem. paed. 1, 1, 2, p. 2, 10 ff.).

[14] Umstritten, ob Clemens das Projekt gänzlich durchgeführt hat und die ‚Stromateis' mit einem solchen Didaskalikos gleichzusetzen sind. Da die ‚Stromateis' jedoch von Clemens selbst in Anlehnung an Platon (Phaidr. 276d. 274e. 276a) als Hypomnemata

haben also einen Sitz im Leben: Sie sind konkrete Bausteine eben jenes dreistufigen Bildungsprogramms: ‚Protreptik', ‚Paedagogos', ‚Didaskalikos'. Der ‚Protreptikos' sorgt für die Hinwendung des Sünders zum christlichen Glauben, indem Clemens frommen Sinn zu wecken versucht[15]. Der ‚Paidagogos' hat die Aufgabe, die Seele in den Tugenden zu üben, von Affekten und Krankheiten zu befreien und sie dadurch für die Belehrung über wahres Wissen[16] und den Weg zu jener ‚vollkommenen Kindschaft' vorzubereiten, die zur christlichen Angleichung an Gott befähigt[17]. Freilich kann die christliche Zielvorgabe ‚vollkommene Kindschaft' problematisch werden, wenn man sie in Bezug setzt zu den durch den Titel ‚Paidagogos' evozierten paganen Vorstellungen. Man könne sich nämlich wundern, so Clemens[18], dass beim Herrn Kinder heißen, die belehrt und zur richtigen Disposition angeleitet werden sollen. Die Heiden sprächen hier von Männern. Zudem könne die Bezeichnung ‚Kinder' als Herabsetzung verstanden werden.

Deshalb macht Clemens im 1. Buch des ‚Paidagogos' allgemeine Angaben über den Umgang mit jenem ‚Kind', für das der Pädagoge nach antiker Tradition zuständig ist. Die Bücher 2 und 3 bieten konkrete Vorschriften für richtiges Verhalten in unterschiedlichen Lebensumständen. Weil es um Pädagogik als menschliche Dispositionsbildung und als Führung zur Tugend von Kindheit an geht, bilden der Begriff des Pädagogen, vor allem aber der des Kindes Leitmotive des Werkes, als Adressat der Therapie in der Schrift, als Adressat der Schrift selbst, aber auch als Gegenstand von Reflexionen darüber, was und wer denn mit diesem Adressaten gemeint ist[19].

Clemens Reflexionen im Paidagogos lassen erkennen, was Clemens vor dem Hintergrund paganer Tradition unter einem ‚Paidagogos' und seinen Aufgaben versteht. Clemens lässt dabei pagane mit christlichen Vorstellungen konvergieren. Denn er stellt den christlichen Paidagogos

bezeichnet werden (Clem. strom. 1, 14, 2), sind sie wohl eher als Vorarbeiten für einen Didaskalikos anzusehen (B. Altaner, A. Stuiber, Patrologie: Leben, Schriften und Lehre der Kirchenväter, Freiburg-Basel-Wien [9]1980, 193).

[15] Vgl. Clem. paed. 1, 1, 3 p. 15 ff.

[16] Aufgabe der Paramythia ist, für eine rechte ethische Gesinnung und mittels Heilung von Affekten für Empfänglichkeit für Erkenntnis zu sorgen (vgl. Clem. paed. 1, 2, 1 p. 2, 27 ff); dazu Pohlenz, Klemens 494 f.

[17] Vgl. Clem.paed. 1, 4, 2 p. 4, 29 ff.; vgl. Clem. strom. 2, 134, 2.

[18] Vgl. Clem. Paed. 1, 14, 1 ff.

[19] Vgl. die – durchaus traditionelle – ‚Definition' von ‚Pädagogik' Clem. Paed. 1, 12, 1 ff.; 1, 16, 1 ff. ‚Paedagoge' und ‚Kind' gleichsam Leitmotive des Werkes, dazu H.-I. Marrou, Clément d'Alexandrie, Le Pédagogue (wie Anm. 11), 23–29.

in die Tradition großer griechischer Erzieher von Phoinix, dem Erzieher Achills bis Zopyros, dem Erzieher des Alkibiades. Jedoch gibt er dieser paganen Tradition eine christliche Note, indem er das Wort Gottes in diese Tradition großer Erzieher stellt, wobei er die Bedeutung des Wortes ‚Logos' zwischen ‚menschlicher Vernunft' und ‚Sohn Gottes' oszillieren lässt. Aus dem paganen Pädagogen wird bei Clemens der göttliche Logos, dem es um Affektkontrolle und Anweisungen für das richtige Leben geht und »der durch Ermahnungen die widernatürlichen Leidenschaften der Seele heilt«[20]. Da auch das Verständnis der göttlichen Geheimnisse vorhergehender Reinigung bedarf, greift Clemens hier auf Material und Methode überlieferter paganer Philosophie zurück und billigt in diesem Bereich u.a. Platon und der Stoa die Funktion einer ‚Propaideia' zu[21]. Ziel der Unterweisung ist die Erziehung der Kinder zu einer ‚liebevollen Fürsorge'[22]. Dabei geht es Clemens freilich weniger um die ‚von den Vätern ererbte Sitte' (πάτριον ἔθος), sondern um die göttliche Anleitung als ‚ewig dauernder Besitz'. Bis in die Wortwahl wird auch hier eine mit impliziter Kritik verbundene Mischung aus christlichen und paganen Elementen deutlich. Denn die Ablehnung einer Bewahrung väterlicher Sitte wendet sich natürlich gegen die ‚mores antiqui', denen nach römischer Vorstellung Philosophie als ‚ancilla traditi ab antiquis moris' dienen sollte, wie Horaz' Vater seinem Sohn[23] erklärt. Die Bezeichnung der göttlichen Anleitung als eines ‚ewig dauernden Besitzes' lehnt sich im Wortlaut eindeutig an das berühmte dictum des Thukydides an, der von seinem Werk als ‚ewigem Besitz' spricht[24]. Wie bei der Formulierung der ‚Angleichung an Gott' (ὁμοίωσις θεῷ) als christlicher Telosformel Epikur gegen Platon, so wird hier Thukydides gegen römisches Philosophieverständnis ausgespielt: Was Thukydides von einem Werk an historischer Belehrung erwartet, bietet nicht pagane Philosophie, noch bieten es römische Mores, sondern alleine christliche Paideia. Nicht nur

[20] Paed. 3, 97-101 I 86,1, vgl. Tim. 87cff. Zum Verständnis von ‚Pädagogen' im ‚Paidagogos' vgl. Marrou, Clément d'Alexandrie, Le Pédagogue (wie Anm. 11) 14–21.

[21] Vgl. Clem. strom. 1, 15, 4: »Denn es ist nicht nur, wie der Apostel sagt, verständig, wegen der Hebräer und der unter dem Gesetz Stehenden ein Jude zu werden, sondern auch wegen der Griechen ein Grieche« (Üb. Stählin), nach 1 Kor. 9, 20 f., Protr. 113, 1; vgl. Pohlenz, Klemens 488 f.

[22] Clem. paed. 1, 54, 1–3 im Anschluss an Joh. 14, 13.

[23] Vgl. Hor. sat 1, 4, 105; dazu M. Erler, Römische Philosophie, in: Einleitung in die lateinische Philologie. Hg. v. F. Graf, Stuttgart/Leipzig 1997, 537–598, bes. 539 ff.

[24] Vgl. Clem. paed. 1, 54, 3 mit Thuk. 1, 22, 4, zum göttlichen Pädagogen vgl. Clem. Paed. 1, 75, 1 ff.

bei der Zielvorgabe also, sondern auch bei der Methode, mit der das Ziel zu erreichen ist, kann man jene Palintonos Harmonia von paganem Anspruch und christlicher Erwartung bis in die von Clemens gewählte Ausdrucksweise beobachten. In der Tat lässt sich hier wie auch sonst bei Clemens beobachten, dass pagane Vorstellungen, vor allem solche Platons, aber oft auch stoische Konzepte, eingebaut werden um christliche Vorstellungen zu transportieren[25].

Von besonderem Interesse sind in diesem Zusammenhang Clemens' Ausführungen über den Adressaten seiner Belehrung, jenes Kind, das für den soeben bekehrten Christen steht und das nach seiner Belehrung einer praktisch ethischen Unterweisung unterzogen werden soll, um es auf die eigentliche Belehrung vorzubereiten. Marrou[26] erkennt hier eine Sublimierung und Metaphorisierung des Kindbegriffes, die ganz neu und gänzlich christlich sei. In der Tat ist die Vorstellung, die Clemens in diesem Zusammenhang entwickelt, um Aussagen des Neuen Testamentes über das ‚Kindsein' der frisch bekehrten Christen zu rechtfertigen, neu und zukunftsweisend. Doch kann man noch verdeutlichend herausarbeiten, wie dies in Auseinandersetzung mit paganen Vorstellungen und mit Hilfe eines Elementes praktischer Ethik geschieht.

Das Motiv des Kindes zieht sich in der Tat wie ein Leitmotiv durch das erste Buch des Werkes, findet sich zu Beginn des zweiten Buches und findet sich gegen Ende des dritten Buches[27]. Die Frage, was unter ‚Kind' zu verstehen sei, und dem Problem, was mit den Gegenständen der Belehrung gemeint ist, werden zwei zentrale Kapitel V und VI des ersten Buches gewidmet. Anlass für die ausführlichen Darlegungen ist Clemens' Wunsch, das Neue Testament zu verteidigen, in dem frisch bekehrte Christen als Kinder apostrophiert werden[28]. Offenbar hat dies zu Kritik geführt, wonach die Christen »Kinder und Unmündige … mit Rücksicht auf den kindischen und verächtlichen Inhalt der Lehre genannt« (Üb. Stählin) würden[29].

[25] Oft führt Clemens Gedanken ein, indem er sie in ein platonisches Gewand hüllt; vgl. F. Solmsen, Providence and the Souls: a Platonic Chapter in Clemens of Alexandria, MH 26, 1969, 229–251, bes. 240.

[26] Vgl. Marrou, Clément d'Alexandrie. Le Pédagogue (wie Anm. 11) 26–29.

[27] Vgl. Clem. paed. 1,54,2–3. 58,3. 59,3. 60,1. 75,1. 84,1. 94,3. 97,2. 98,3. 2,2,1. 3,87,2–3. 99,1; dazu Marrou, Clément d'Alexandrie. Le Pédagogue (wie Anm. 11) 24.

[28] Vgl. Clem. paed. 1,12,1 ff.

[29] Clem. paed. 1,25,1 ff. Man mag dabei an eine Art von Polemik denken, wie man sie ausführlich in Kelsos' Schrift gegen die Christen (Origenes, Cels. 3,44) oder in Lucians ‚De morte Peregrini' (12 f.) findet.

Diese Kritik setzt freilich eine bestimmte Auffassung von ‚Kind' voraus, die Clemens' christlicher Auffassung nicht entspricht, die aber zur paganen Tradition passt. Für die pagane Vorstellung gilt, dass sich mit dem Begriff ‚Kind' eine ‚Vorstellung des Unzureichenden' verbindet. Vor allem mit Furchtsamkeit wurde das Kind in Zusammenhang gebracht, Furcht vor dem Tod z.B. wurde geradezu zum Inbegriff kindlichen Fehl-Verhaltens[30]. Der Aspekt des Unfertigen findet Ausdruck in jenem Wort ‚Nepios' (νήπιος), das von Homer über Heraklit bis in spätere Zeit das Törichte, Unbedachte und vor allem Affekthafte des Kindseins betont. Entsprechend werden in den Lehrgedichten von Parmenides, über Empedokles bis zu Lukrez die Adressaten gerne als ‚Kinder' bezeichnet, die belehrt werden müssen, sich der Belehrung aber bisweilen widersetzen, weil sie noch von Affekten behindert werden. Kinder sind in dieser Vorstellung also Wesen, die sich durch ein ‚noch nicht' auszeichnen. In diesem Kontext scheint der Vergleich der Adressaten mit Kindern in der Tat unpassend und kann zu Kritik Anlass geben[31].

Bemerkenswerterweise verteidigt Clemens nun die Gleichsetzung der Christen mit Kindern nicht, indem er sie von dieser Bezeichnung zu befreien sucht. Clemens macht vielmehr die Bezeichnung ‚Kind' gegen die pagane Tradition zu einem Ehrentitel. Dies erreicht er durch einen Rekurs auf das Neue Testament, in dem es z. B. heißt, dass den Kleinen das Himmelreich gehört, oder in dem Jesus die Kinder kommen lassen will und sie mit dem Himmelreich in Verbindung bringt[32]. Was nämlich in paganer Tradition als unmündig und unvollendet gilt, singt also im Neuen Testament das Lob Gottes und besitzt die Weisheit. Dies ist mit

[30] H. Herter, Das unschuldige Kind, in: H. Herter, Kleine Schriften, München 1974, 598-619. Unfertigkeit als Eigenart von Kindern konnte zur Disqualifizierung von Erwachsenen verwendet werden, vgl. den Aufruf des greisen Ägypters in Platons ‚Timaios' (22b), wonach die Griechen immer Kinder – und das heißt unvollkommen – bleiben werden.

[31] Vgl. Clem. paed. 1, 6, 5. 16, 3. 19, 1. 53, 1. In paed. 1, 20, 1 erklärt er das griechische Wort etymologisch; vgl. Marrou, Clément d'Alexandrie. Le Pédagogue (wie Anm. 11) 23–26; zu νήπιος als Adressat im paganen Lehrgedicht E. Pöhlmann, Charakteristica des römischen Lehrgedichts, ANRW I 3, Berlin-New York 1973, 813–901; zu Lukrez Ph. Mitsis, Committing Philosophy on the Reader: Didactic Coercion and Reader Autonomy in De Rerum Natura; in: A. Schiesaro, Ph. Mitsis, J. Strauss Clay (Hgg.), Mega nepios. Il destinatario nell'epos didascalico, Materiali e Discussione 31, Pisa 1993, 111–128; vgl. aber mit Blick auf den Phaidon (wie bei Clemens) M. Erler, Das Bild vom ‚Kind im Menschen' bei Platon und der Adressat von Lukrez De rerum natura, Cerc. 33, 2003, 107–116.

[32] Vgl. Clem. paed. 1, 12, 3 mit Mt. 18, 3; 1, 16, 1 mit Mt. 18, 1–6.

Blick auf die pagane Tradition eine gänzlich neue Sichtweise. Festzuhalten ist weiterhin, dass Jesus sich mit seiner Belehrung keineswegs an Kinder im Sinne einer Altersstufe, sondern an Erwachsene wendet, die zu Kindern werden sollen. ‚Kind' meint also eine Haltung und bezeichnet denjenigen, der sich zum Christentum bekehrt hat. ‚Kind' wird auf diese Weise zur Metapher für eine geistige Disposition. Deshalb ist es für Clemens kein Widerspruch, wenn im christlichen Kontext von Kindern die Rede ist, wo die Heiden von Männern sprechen[33]. Doch will Clemens dies auch seinen paganen Kritikern plausibel machen.

Zu diesem Zweck bedient sich Clemens auch philologischer Argumente, indem er darauf verweist, dass das griechische Wort ‚nepios' (νήπιος) nicht notwendig töricht heißen muss, sondern etymologisch mit ‚epios' (ἤπιος), ‚mild' zusammenhänge – was die Bedeutung ‚töricht' mildere. Clemens folgert, dass es nicht törichte Kinder, sondern gerade die Fortgeschrittenen sind, die sich zum Christentum bekehren und Gott als Vater erkennen[34]. ‚Kind' wird zur Metapher für eine geistige Disposition jener Menschen, die sich nach der Protrepse dem christlichen Glauben zugewandt haben. Im Anschluss erinnert Clemens daran, dass unter ‚Unmündig' jene Kinder Gottes zu verstehen sind, »die den alten Menschen von sich abgelegt und ... die Unvergänglichkeit Christi angelegt haben« (Übers. Stählin)[35]. Nicht nur durch Rekurs auf Texte der Bibel, sondern auch unter Zuhilfenahme griechischer Paideia sucht Clemens also die Kritik abzuwehren, welche sich auf die Gleichsetzung von Christen mit Kindern beruft. Dabei werden aus den unvollkommenen Kindern paganer Vorstellung Kinder Gottes als Hoffnungsträger christlichen Aufbruchs. Es findet eine Transformation des paganen Kindbegriffes statt. Allerdings sieht Clemens, dass manche Aussagen des Paulus auch an pagane Auffassungen von Kind als etwas Unfertigem erinnern[36]. Doch Clemens findet eine Lösung für diesen angeblichen Widerspruch. Denn er billigt der althergebrachten paganen Sichtweise vom Kindsein durchaus eine freilich nur partielle Gültigkeit zu. Clemens unterscheidet nämlich zwei Auffassungen von Kindsein. Kind steht demnach einmal für ‚ein Leben unter dem Gesetz', steht also für eine Disposition, die sich die eher pagane Konnotation von ‚Kind' als etwa Unvollkommenheit

[33] Vgl. Clem. paed. 1, 12, 1-1, 24, 4.

[34] Vgl. Clem. paed. 1, 19, 1 ff. unter Berufung auf Paulus 1 Thes. 2, 7; 1, 20, 1 ff.

[35] Clem. paed. 1, 32, 4; vgl. paed. 1, 33., 1 mit 1 Kor. 14, 20.

[36] Vgl. Clem. paed. 1, 33, 1 ff.; u. a. beruft er sich auf zweierlei Bedeutung des griechischen Wortes nepios (νήπιος).

zunutze macht. Kind steht dann für Menschen, »die unter dem Gesetze, die durch die Furcht, wie die Kinder durch die Gespenster, erschreckt werden; Männer aber hat er die der Leitung des Logos Folgenden ... genannt, uns die wir zum Glauben gekommen sind, indem wir uns nach unserem freiwilligen Entschluss retten und uns durch die Furcht in verständiger, nicht in unverständiger Weise schrecken lassen« (Übers. Stählin)[37].

Clemens unterscheidet also zwei Arten von Kindern, jene, die in unvernünftig knechtischer Furcht vor dem ‚Gespenst' der Gesetze und des Gottes des Alten Testamentes leben, und solche, die vernünftige Scheu vor dem christlichen Gott haben und als neue Kinder sanft und affektfrei und damit bereit für christliche Belehrung sind. Bei Clemens werden diese beiden Kindarten zu Stufen eines christlichen Bildungscurriculums: Zum Signum einer menschlichen Disposition vor und zum Signum einer Disposition nach der Belehrung. An erstere als pagane Kinder mit Angst vor Schreckgespenstern richtet sich die Ermahnung, sich dem Christentum zuzuwenden (Protrepse), an letztere schon christliche Kinder mit Scheu vor dem göttlichen Logos richtet sich die Pädagogik.

Entsprechend der zwei Arten von Kindern unterscheidet Clemens zwei Arten von Furcht: Eine wie sie Knechten vor dem Herren und Ehrfurcht wie sie Kinder vor dem Vater haben. Letztere ist kein Affekt und sogar gut, weil sie aus der Sorge resultiert, man könne von Gott abfallen und die Wahrheit verfehlen. Anders als die erstere Furcht ist Ehrfurcht also keine passive Haltung, sondern gehört zum Streben nach Wahrheit. Mit dieser Differenzierung greift Clemens wie mit dem Bild vom Kind im Mann eine Tradition auf, die auf Platon zurückgeht und die schon bei Epiktet in gleichem Kontext mit der Metapher vom ‚Kind im Mann' eine Verbindung eingeht[38]. Festzuhalten ist, dass in beiden Fällen ‚Kind' für eine geistige Haltung steht: Einmal für die Disposition des Nicht-Christen und Juden, der unter der Herrschaft der Gesetze steht und Affekten wie der Furcht ausgesetzt ist. Diesen Kindern im paganen Sinne stellt Clemens Männer gegenüber, die bekehrt sind, Gott erkannt haben, zwar

[37] Clem. paed. 1, 33, 3.

[38] Vgl. Clem. paed. 1, 87, 1 ff.; strom. 2, 53, 4; vgl. Plat. leg. 646e (Furcht als Feigheit und als Scham) mit K. Schöpsdau, Platon. Nomoi (Gesetze). Buch I-III, Übersetzung und Kommentar von Klaus Schöpsdau, Göttingen 1994, 242–244; vgl. auch Euthyphr. 12a–c; wichtig Epikt. diss 2, 1, wo von Furcht vernunftgemäße Scheu oder Vorsicht (εὐλάβεια) geschieden wird (wie Plat. Phaidon); vgl. dazu M. Erler, Death is a Bugbear. Socratic ‚epode' and Epictetus' Philosophy of the Self. Einen Bezug zu Markion siehe bei Pohlenz, Klemens 505 f.

nicht frei von Affekten sind, jedoch Scheu oder ‚Behutsamkeit' (εὐλάβεια) vor Gott haben, bereit sein sollen, christliche Lehre in sich aufzunehmen und als Christen in freiwilliger Entscheidung dem Logos zu folgen.

Diese Differenzierung zweier Arten von Kindern und zweier Arten von Furcht erlaubt es Clemens, widersprüchlich klingende Paulusworte zu harmonisieren, jene zu widerlegen, die Christen als unmündig und naiv abqualifizieren und die das Alte Testament wegen der dort verlangten Gesetzesfurcht und Affektgeladenheit der Menschen ablehnen. Es gibt jedoch noch einen weiteren Aspekt, den Clemens wohl im Auge gehabt hat und den er für seine Auffassung heranziehen möchte. Für den Umstand, dass ‚Kind' zu einer Metapher und einer nicht alterbezogenen Station im Prozess praktisch – ethischer Dispositionsbildung wird, gibt es nämlich ein Vorbild in der paganen Tradition, eine Tradition paganer Ethik, die von eben jener Stelle ausgeht, auf die sich Clemens selbst in diesem Kontext bezieht und an die er erinnern will. Schon im Kontext paganer Philosophie wird ‚Kind' als Metapher zum Markenzeichen einer wichtigen Stufe innerhalb des paganen Curriculums praktischer Ethik nicht nur integriert, sondern auch reflektiert, die Clemens hier im Paedagogus zitiert, wenn er pagan furchtsame Kinder, die sich vor Schreckgespenstern fürchten, im Alten Testament ansiedelt. Wir hörten, dass Menschen vor der Bekehrung voller Furcht gewesen seien wie Kinder, die durch ‚Gespenster' erschreckt werden.

Wir sind diesem Vergleich schon einmal begegnet, als es um das Verhalten der Christen gegenüber paganer Philosophie allgemein ging. Clemens beklagt, dass sich manche verhalten wie Kinder, die sich von dem Schreckgespenst paganer Philosophie schrecken lassen. Er äußert aber auch die Erwartung, dass man diese ‚Schreckensmaske' entlarven kann, wenn man sieht, dass es sich dabei um nützliches Material für die Bildung einer für christliche Lehre aufnahmebereiten Disposition handelt.

Dies wird jetzt zum Markenzeichen der noch nicht bekehrten Menschen, der Juden, die in knechtischer Furcht vor den Gesetzen und dem Gott des Alten Testaments leben und die einer Bekehrung durch die Gnade Gottes harren. Wir hatten bereits darauf hingewiesen, dass Clemens mit dem Kindvergleich eine für unseren Kontext wichtige Stelle in Platons ‚Phaidon' evoziert, an die Stählin in seiner Übersetzung[39] erinnert. Nicht notiert hingegen wurde, dass der Topos ‚furchtsame Kinder' eine Metapher bildet, die im Anschluss an die Phaidonstelle bis in die Spätantike eine wichtige Stufe im Curriculum philosophischer

[39] Stählin, Der Erzieher S., 234 Anm. 1.

Dispositionsbildung, also praktischer Ethik, signalisiert und von paganer Seite stützen kann, was Clemens bei seinem Harmonisierungsversuch auf christlicher Seite behaupten will. Jedenfalls gibt die pagane Tradition Clemens' Ausführungen Profil und zeigt eine weitere Konvergenz von christlichen und paganen Vorstellungen.

3. *»Kind im Mann« in Platons Phaidon*

Betrachten wir also zunächst den Kontext des sokratischen Vergleiches im Phaidon etwas näher[40], gehen dann auf die sich an ihn anschließende Tradition ein und vergleichen schließlich diese mit Clemens' Ausführungen. Im ‚Phaidon' soll die Unsterblichkeit der Seele bewiesen werden, um zu erklären, warum der Tod nicht zu fürchten ist. Freilich werden Sokrates' Beweisvorschläge vom Misstrauen der beiden Mitunterredner Kebes und Simmias begleitet. Zwar sind sie an Philosophie interessiert, äußeren aber immer wieder Zweifel an den Ergebnissen durchaus stringenter philosophischer Argumentation und haben Schwierigkeiten, die Resultate von Sokrates' Argumentation und damit die Unsterblichkeit der Seele zu akzeptieren[41]. Sokrates konstatiert deshalb an einer wichtigen Stelle, dass Kebes und Simmias sich offenbar ‚wie Kinder' verhalten und wie diese befürchten, die Seele könne nach dem Tod durch den Wind zerstreut werden (77d–e). Man könnte nun denken, die beiden fühlten sich durch diesen Vergleich herabgesetzt, denn Sokrates setzt bei seinem Vergleich in der Tat das pagane Verständnis von Kind als unfertiges und törichtes Wesen voraus. Doch Kebes ist keineswegs beleidigt. Er greift vielmehr den Vergleich auf und wandelt ihn ein wenig um: Er bittet darum, das Kind ‚in uns', wie er sagt[42], d.h. das Kind in ihm selbst, aber

[40] Vgl. ausführlich dazu Michael Erler: ‚Sokrates in der Höhle'. Argumente als Affekttherapie im Gorgias und im Phaidon, in: Marcel van Ackeren (Hg.): Platon Verstehen. Die Perspektiven der Forschung, Darmstadt 2004, 57–68.

[41] Vgl. J. Dalfen, Philologia und Vertrauen (Über Platons eigenartigen Dialog Phaidon), Grazer Beiträge 20, 1994, 35–57.

[42] Phaid. 77e. Mit Wyttenbach (Platonis Phaedo, explanatus et emendatus prolegomenis et annotatione Dan. Wyttenbachii, Lugdunum Batavorum 1810) ist die Metapher zu verstehen als ‚Kind in uns', nicht mit Ficino (Platonis opera translatione Marsilii Ficini, emendatione et ad Graecum codicem collatione Dimonis Grynaei 1533) und anderen als ‚inter nos puer'. Es gab auch eine Diskussion, ob die Metapher als zweifelnde Vernunft zu verstehen ist (Chr. F. Williger, Il παῖς di Cebes nel Φαίδων di Platone, Giornale di Metafisica 2, 1946, 103-113) oder als irrationalen Teil der Seele (G. Capone Braga, Il ‚Fanciullino' Di Cebete, Giornale di Metafisica 2, 2, 1947, 60–62, mit Replik von Chr. F. Williger, Ancora Sul ‚Fanciullino' Di Cebete, Giornale

auch in Sokrates und Simmias, von Angst zu befreien (77d): »Dann tue denn so, als fürchteten wir uns, und versuche, uns zu überreden. Lieber jedoch nicht, als ob wir selbst uns fürchteten; sondern vielleicht ist ,in uns' ein Kind, welches dergleichen fürchtet. Dieses ,Kind in uns' also wollen wir versuchen zu überzeugen, dass es den Tod nicht fürchten müsse wie ein Gespenst« (τοῦτον οὖν πειρῶ μεταπείθειν μὴ δεδιέναι τὸν θάνατον ὥσπερ τὰ μορμολύκεια 77e).

Und Sokrates erklärt sich hierzu bereit: »Dieses ,Kind in euch' müsst ihr, sprach Sokrates, täglich besprechen, bis ihr es herausbannt« ('Αλλὰ χρή, ἔφη ὁ Σωκράτης, ἐπᾴδειν αὐτῷ ἑκάστης ἡμέρας ἕως ἂν ἐξεπᾴσητε. 77e)[43]. Was der Autor Platon hier beinahe beiläufig in die Gesprächssituation einfließen lässt, hat lebensweltlichen Hintergrund. Es bezieht sich auf eine durchaus auch heute noch vertraute Situation in den griechischen Kinderstuben, wandelt sie aber auf bezeichnende Weise um: Es geht um jene Schreckgeschichten, jene aniles fabulae, die über Gespenster wie Mormo erzählt wurden, um Kinder in Schrecken zu versetzen und sie dadurch zu Gehorsam und richtigem Verhalten zu veranlassen[44]. Diese Sitte setzt eine Vorstellung von Kind voraus, deren Merkmale Unfertigkeit und Furcht sind. Platons Sokrates will freilich mit seinem philosophischen Besingen gerade nicht Schrecken bewirken, sondern Angst beseitigen, indem er das Schreckgespenst ,oder die Maske Tod' gleichsam ,entlarvt' und die Seele als unsterblich erweist. Das ,Kind im Menschen' wird bei Platon zu einer Metapher für eine besondere Disposition des Menschen als furchtsames Wesen, dessen Furcht überwunden und dadurch ein praktisches Verhalten bewirkt werden soll. ,Kind' meint in diesem Zusammenhang nicht eine Alterstufe, sondern einen Geisteszustand, der als problematisch empfunden wird, weil er daran hindern

di Metafisica 2, 1947, 262–264); zur Metapher zuletzt C.H. Young, A Delicacy in Plato's Phaedo, Cl.Quart. 38, 1988, 250–251.

[43] Vgl. P. Laín Etralgo, Die platonische Rationalisierung der Besprechung (ΕΠΩΙΔΗ) und die Erfindung der Psychotherapie durch das Wort, Hermes 86, 1958, 298–323. Epode als rational Argument bei Platon vgl. Plat., Charm. 156e–157a; Phaid. 77e; leg. 903a–b, dazu Chr. Bobonich, Persuasion, Compulsion and Freedom in Plato's Laws, ClQuart. 41, 1991, 365–388, bes. 374. Der ,Charmides' zeigt zudem, dass die eigentlich philosophische Belehrung auf die Hinwendung zur Philosophie (Protrepse) mittels der Aporie und die praeparatio philosophica folgen sollte: M. Erler, Der Sinn der Aporien in den Dialogen Platons; Übungsstücke zur Anleitung in philosophischem Denken, Berlin-New York 1987, 211 f.

[44] Vgl. A. Scobie, Storytellers, Storytelling, and the Novel in Graeco-Roman Antiquity, RhM 122, 1979, 229-259 und G. Heldmann, Märchen und Mythos in der Antike? Versuch einer Standortbestimmung, München-Leipzig 2000, 95 ff.

kann, sich rationaler Argumentation, d.h. philosophischer Belehrung zu öffnen. Jedoch kann dieser Zustand therapiert werden. Eben dies ist die Aufgabe philosophischer Argumente im Kontext der Propädeutik durch einen philosophischen Pädagogen.

4. *Rückblick*

Blicken wir nun zurück, so erinnert vieles an unsere Beobachtungen bei Clemens und seinem ‚Paidagogos': Kind als Bezeichnung nicht eines Lebensalters, sondern als Metapher für eine bestimmte, affektbestimmte Disposition, die mit Hilfe eines Paedagogen überwunden werden soll. Wie Clemens spricht Sokrates in diesem Zusammenhang von ‚Paramythia'[45]. Ziel ist in beiden Fällen eine bestimmte Lebensweise – bei Clemens die christliche, bei Platon die philosophische Lebensweise. Angestrebt wird in beiden Fällen Offenheit für eigentliche Belehrung – Didaxe – bei Clemens für die christliche Lehre, bei Platon für philosophische Argumente. Es scheint, als habe Clemens für seine praktische Ethik nicht nur bei der Zielvorgabe ‚Angleichung an Gott', sondern auch für den Weg dorthin Anleihen bei Platon gemacht.

Nun soll nicht behauptet werden, dass Platons Phaidon unmittelbares Vorbild für Clemens war, – obgleich er diesen Dialog offenbar gut kannte[46]. Auch wenn ihm unsere Stelle vertraut war, mag es sich um ein geflügeltes Wort handeln. Jedoch ist dieses ‚geflügeltes Wort' auch Merkmal eines pädagogischen Programms und einer Stufe im philosophischen Curriculum der Kaiserzeit. Die Metapher vom Mensch als Kind oder vom Kind im Menschen hat in der Tat im Anschluss an Platons ‚Phaidon' Karriere gemacht als Bezeichnung für Menschen, die an Philosophie zwar interessiert, aber noch nicht Herr ihrer Affekte sind und noch nicht über eine Disposition verfügen, die ein Philosoph haben muss. Meist wird die Metapher im Kontext mit der Frage nach einer richtigen Einschätzung von Unglück, Tod oder Exil verbunden, immer aber mit der Forderung nach Aufklärung und nach rationaler Betrachtung des Problems. Als Heilmittel für das ‚Besingen' und die ‚Entlarvung' dessen, was bedrohlich scheint, wird die jeweilige Schulphilosophie angeboten. Nicht selten weitet sich aber der Blick auch zu generell pädagogischen

[45] Vgl. Plat. Phaid. 70b. 83a. 115d.

[46] Wyrwa (Die christliche Platonaneignung 4 ff.) macht plausibel, dass Klemens in den ‚Stromateis', aber auch in anderen Schriften wie z.B. dem ‚Protreptikos' (88 f u. a. zum Phaidon) über direkte Platonkenntnis verfügt.

Erwägungen, und wird das ‚Bild im Menschen' das Signum für eine vorphilosophische Unterrichtung. Dabei greift man auf etymologisches Spiel zurück: Aus der Fürsorge für das ‚Kind im Mann' oder den Mann als Kind wird die wahre Paideia des unvernünftigen Seelenteils durch den Vernunftteil der Seele[47]. Simplikios definiert in seinem Kommentar des Encheiridion des Epiktet, der sich an solche Leser richtet, die sich durch einen richtigen Umgang mit ihren Affekten erst eine Disposition für Philosophie verschaffen wollen, ‚Paideia' geradezu als Korrektur des ‚Kindes in uns', d.h. als Zähmung der Affekte im Menschen und beruft sich hierfür auf Platon[48]. Epiktet selbst hat solche Anfänger in einer seiner dissertationes vor Augen, wenn er sich unter ausdrücklichem Bezug auf den Phaidon der Metapher vom ‚Kind im Menschen' bedient und zu Aufklärung mit dem Ziel einer Abwehr von Furcht u.a. vor dem Tod aufruft. Dabei unterscheidet er eine Furcht vor dem Tod von einem behutsamen Umgang mit jenen Problemen (εὐλάβεια), die Scheu einflößen, aber beherrschbar sind. Im Kontext einer interpretatio stoica unserer Phaidonstelle finden wir also jene Unterscheidung zweier Arten von Furcht, welche wir bei Clemens vorfinden[49]. Epiktet fordert ausdrücklich, man soll die Schreckensmasken umdrehen und dadurch den Schrecken ‚entlarven' – ganz im Sinne Platons und des Clemens. Epiktet geht es dabei nach eigenen Angaben um Studenten, die zwar schon zur Philosophie bekehrt sind und auch Kenntnisse erworben haben, diese aber nicht richtig einsetzen, sondern eine affektfreie Disposition erst noch erwerben müssen.

5. *Nochmals Clemens*

Kehren wir also zu Clemens zurück und lesen wir seine Ausführungen über die Bedeutung von ‚Kind' vor dem Hintergrund dieser paganen Tradition, so erkennen wir, dass es wie bei Clemens um Adressaten geht, die Protrepse, bzw. Bekehrung hinter sich haben, aber noch am Anfang wirklicher Belehrung stehen. Wie diesen geht es ihm darum, eine bestimmte Disposition zu erzeugen, indem aufgeklärt und dadurch

[47] Vgl. Elias (David, dazu I. Hadot et alii, Simplicius: Commentaire sur les Catégories, fasc. 1, Leiden/New York/Köln 1990, 72 Anm. 30. 79 Anm. 70. 81 Anm. 77; vgl. J.-P. Mahé, David l'Invincible dans la tradition arménienne), in Cat. 118, 1 ff Busse.

[48] Simpl. in Epict. Ench., XI, 90 ff Hadot.

[49] Epikt. diss 2, 1 (siehe Anm. 38). Ich hoffe, auf diese Tradition demnächst zurückkommen zu können.

Affekte beseitigt und Material für Therapie – pagane Philosophie – an die Hand gegeben werden, wie diese gibt er dem Zustand, der therapiert werden soll, einen Namen: der Mann – oder bei Clemens – auch die Frau als Kind. Gerade vor diesem Hintergrund wird aber auch das bei Clemens deutlich. ‚Kind' als Adressat der Seelenleitung und Dispositionsbildung ist für ihn nicht mehr das unfertige Wesen der paganen Antike, sondern das bereits fertige Gotteskind, jenes neue Kind, das den alten Menschen abgelegt hat, das freilich noch der Belehrung bedarf. Dieses neue Kind steht für eine Station in der ethischen Bildung des Menschen, die zwar schon bereit ist für Belehrung, aber in seiner Offenheit noch gestört wird durch Affekte – jener Zustand also, den Platon bei Kebes und Simmias beschreibt. Clemens transferiert gleichsam die Methode der sokratischen Therapie auf einen dem Wort nach gleichen, der Auffassung nach unterschiedlichen Adressaten.

Freilich integriert Clemens auch das pagane Konzept vom ‚unfertigen' Kind, indem er dieses auf einer tieferen Vorstufe seines Anähnlichungsprozesses ansiedelt, auf der noch Protrepse, christlich Bekehrung nötig ist: Was bei Platon, Epiktet, Simplikios u.a. als Zustand schon philosophieinteressierter Partner wie Kebes und Simmias beschreibt, wird bei Clemens zum Kennzeichen jener Juden, die sich in Furcht vor Gott und dem Gesetz befinden. Das pagane Kind wird nicht zum Gegenstand philosophischer Therapie, sondern vorphilosophischer, gnadenreicher, göttlicher Bekehrung. Was im paganen Curriculum für eine Stufe steht, wird in der christlichen Vorstellung in zwei Stufen aufgefaltet: Aus Sokrates' Paramythia des unvollendeten Kindes im Menschen wird Clemens Paramythia des schon vollendeten Kindes in Christo. Diese Aufspaltung der platonischen Kindmetapher, diese Ausweitung des paganen Curriculums praktischer Ethik ist aber mehr als bloß ein Spiel mit Begriffen. Sie markiert etwas Neues, das freilich im Gewand scheinbarer Kontinuität daherkommt. Denn in die traditionelle Metapher vom unfertigen ‚Kind' als Adressaten von Paramythia wird eine neue Auffassung von Kind als etwas bereits Fertiges eingefügt im Sinne eines neues Volkes entsprechend 2. Kor. 5, 17: »Das Alte ist vergangen, siehe, neu ist alles«. Offenbar bedient sich Clemens hierbei jenes Curriculum pagan – ‚praktischer' Ethik, das in den paganen Kommentaren und philosophischer Literatur reflektiert wird und in dem seit Platon das Etikett ‚Mensch als Kind' eine wichtige Stufe auf dem Weg zum jeweils versprochenen Ziel markiert[50].

[50] Vgl. Epikt., diss 2, 1 wo von Furcht vernunftgemäße Scheu oder Vorsicht (εὐλάβεια) geschieden wird (wie Plat. Phaidon); vgl. dazu M. Erler, Death is a Bugbear (wie Anm. 38). Ich hoffe, auf diese Tradition anderorts zurückzukommen.

Die Bedeutung der Ethik für die Selbstdefinition des Christlichen im 2. Jahrhundert

Uwe Kühneweg (Wien)

1. Religion und Leben

Wenn man heute Mitglieder der evangelischen Kirche fragt, was ihr Christsein ausmache, ist die Antwort gar nicht so selten: »Wir halten die zehn Gebote.« Unabhängig davon, wie weit es mit diesem Selbstanspruch her sein mag, ist es doch bemerkenswert, daß die Frage nach der religiösen Identität eine Antwort mit Verweis auf die Ethik, nicht etwa auf Glaubensüberzeugungen, erfährt.

Woran erkennt man Christen? Das ist gar nicht so leicht zu sagen. Nach Friedrich Nietzsche müßten sie bekanntlich »erlöster aussehen«[1], faktisch leben sie doch oft im Inkognito. Die Parameter, die Religionswissenschaftler am ehesten interessieren, sind Glaubensüberzeugungen und die Gestaltungsformen religiöser Praxis im engeren Sinne (wie z.B. Beten, Kirchgang, Bibellesen usw.). Aber wie die anderen Hochreligionen hat auch das Christentum grundsätzlich einen Totalanspruch auf das Leben, und der schlägt sich in der Selbsterfahrung und Selbstdeutung seiner Anhänger am ehesten in alltagspraktischen Fragen nieder, die im engeren oder weiteren Sinne der Ethik zuzurechnen sind. Christliche Religion geht einher mit einer veränderten Lebenspraxis, mindestens mit anderen Einstellungen zu lebenspraktischen Fragen. Und es sind in der Christenheit auch heute am ehesten ethische Fragen, vor allem und immer noch sexualethische, die innerkirchliches Konfliktpotential in sich bergen, wie man an den Reaktionen auf die Beschlüsse einiger deutscher evangelischer Landeskirchen, gleichgeschlechtlichen Lebenspartnerschaften den Segen nicht zu verwehren, gut erkennen kann.

Christsein im 2. Jahrhundert

Hätte man einen Christen am Ende des 2. Jahrhunderts gefragt, was denn sein Christentum ausmache, wäre er gewiß nicht auf die von

[1] »Bessere Lieder müßten sie mir singen, daß ich an ihren Erlöser glauben lerne: erlöster müßten mir seine Jünger aussehen!« Also sprach Zarathustra: Von den Priestern. Friedrich Nietzsche: Werke und Briefe, hg. v. K. Schlechta, München 1954, 2, 350.

Harnack so treffend ausgemachten apostolischen Normen (Kanon der heiligen Schriften, Regula fidei, Bischofsamt) gekommen, er hätte aber wohl sicher das Bekenntnis zu Jesus dem Christus erwähnt, und ganz gewiß daneben auch die diesem Bekenntnis entsprechende Lebensführung.

Ethische Fragestellungen ziehen sich durch die christliche Literatur des 2. Jahrhunderts hindurch, wobei freilich der Indikativ des Evangeliums (wie immer im einzelnen verstanden) und die ethischen Forderungen in enger Verbindung stehen. Man wird dies als Ausdruck des Totalanspruchs des Christentums an seine Gläubigen sehen müssen: Lehre und Leben sind unmittelbar verknüpft. Predigt und ethische Unterweisung sind zwei Seiten derselben Medaille.

Die Konsequenz dieser engen Verbindung von Glauben und Leben ist, daß uns zwar mancherlei literarische Formen zur Behandlung ethischer Probleme begegnen wie die Haustafeln, Tugend- und Lasterkataloge und die Zwei-Wege-Lehren, die sich aber nicht selbständig erhalten haben, sondern inkorporiert sind in Texte anderer Gattungen (so die Zwei-Wege-Lehre in der Didache in eine Gemeindeordnung oder im Barnabasbrief in einen theologischen Traktat).

Eigene Schriften mit dem Anspruch einer umfassenden Darstellung der christlichen Ethik (oder auch von Einzelproblemen) finden sich hingegen – vielleicht mit Ausnahme der *Mandata* im Hermasbuch – nicht vor dem Ausgang des 2. Jahrhunderts: Der »Paidagogos« des Klemens von Alexandrien dürfte das älteste Beispiel einer Gesamtdarstellung christlicher Ethik sein, und etwa zur selben Zeit behandelt Tertullian in mehreren Traktaten eine Reihe wichtiger Einzelprobleme.

Andererseits sind die Fragen der Ethik nahezu allgegenwärtig in der christlichen Literatur des 2. Jahrhunderts. Schlägt man eine Ausgabe der sog. Apostolischen Väter auf, so wird man nur selten auf eine Seite stoßen, die keine ethischen Anweisungen enthielte. Und auch in der übrigen christlichen Literatur nehmen ethische Themen weiten Raum ein. Im Korpus der sog. Apostolischen Väter finden sich gleich mehrere Schriften, deren Anliegen ganz deutlich ein ethisches ist. Hier sind vor allem der 1. Klemensbrief und der Hirt des Hermas zu nennen. Aber auch die Ignatianen oder der 2. Klemensbrief stehen natürlich im Dienst der Paränese.

Nimmt man das 2. Jahrhundert nicht streng kalendarisch, ist es kirchengeschichtlich am angemessensten, darunter den Zeitraum zu verstehen, dessen Anfang durch die Entstehungszeit des 1. Klemensbriefes, dessen Ende durch die Abfassungszeit der Schriften des Klemens von Alexandrien und Tertullians markiert wird. In anderer Periodenterminologie gesagt: Unter dem Begriff »2. Jahrhundert« sei hier das Zeitalter der Apostolischen Väter, der Apologeten und der Altkatholischen Väter verstanden.

Über Ethik zu reden kann zweierlei meinen: Über die Ansprüche und Grundsätze, die für einzelne Menschen oder ganze Gruppen bestimmend sind (also über Normen) – oder über das wirkliche Leben, die Praxis. Aber auch im ersten Fall (der Frage nach der ethischen Theorie) sind zwei Fragestellungen zu unterscheiden: Die nach den materialen ethischen Normen und die nach den Begründungen.

In den folgenden Ausführungen wird aus allen Fragestellungen etwas vorkommen müssen, denn sie sind zwar zu unterscheiden, aber nicht immer sauber zu trennen.

Am schwierigsten zu beantworten ist die Frage nach der Praxis selbst, nach dem gelebten Leben. Hier fehlt uns weitgehend das Quellenmaterial. Denn wir sind für die Frühzeit des Christentums angewiesen auf Quellen, die uns nur wenig Einblick in die Erfahrungen und die konkrete Lebenswelt einzelner Christinnen und Christen gestatten, sondern immer schon religiöse Literatur sind und damit reflektierte Selbstdeutung (und auch Selbststilisierung) bieten.

2. Die Bedeutung der Ethik für das Christsein im 2. Jahrhundert

Im Selbstverständnis von Christen im 2. Jahrhundert nimmt die Ethik als Lebenspraxis des Glaubens eine zentrale Stellung ein. Der 2. Klemensbrief spricht geradezu vom Bekenntnis durch die Werke[2]:

> »Wir wollen ihn als ‚Herrn‘ nicht nur nennen; das wird uns nämlich nicht retten. Er sagt nämlich: ‚Nicht jeder, der zu mir sagt >Herr, Herr<, wird gerettet werden, sondern der, der die Gerechtigkeit tut.‘ Folglich wollen wir ihn nun, Brüder, mit Werken bekennen, dadurch, daß wir einander lieben, dadurch, daß wir nicht ehebrechen, uns gegenseitig nicht verleumden, nicht eifersüchtig sind, sondern enthaltsam sind, barmherzig, gut.«[3]

Der kleine christliche Tugendkatalog, der im folgenden noch fortgesetzt wird, schließt sich an ein frei aus dem Gedächtnis wiedergegebenes oder möglicherweise apokrypher Überlieferung entstammendes Jesuswort an. Der Vergleich mit der entsprechenden Stelle der Bergpredigt ist

[2] »ἐν τοῖς ἔργοις … ὁμολογῶμεν«. 2 Clem 4, 3.

[3] 2 Clem. 4, 1-3; 157 A. Lindemann / H. Paulsen (Hgg.), Die Apostolischen Väter. Griechisch-deutsche Parallelausgabe, Tübingen 1992.

lehrreich: Dort (Mt 7, 21) sagt Jesus: »Es werden nicht alle, die zu mir sagen ,Herr, Herr' in das Himmelreich kommen, sondern die den Willen tun meines Vaters im Himmel. An die Stelle des matthäischen „Eingehens in das Himmelreich« ist also im 2. Klem das (blassere) Gerettetwerden (σώζεσθαι) getreten, an die Stelle des »Willens meines Vaters im Himmel« rückt die »Gerechtigkeit«. Diese Ersetzung ist zwar nicht gegen den Geist des Matthäusevangeliums, ist aber doch bezeichnend für die Änderung des Sprachgebrauchs im 2. Jahrhundert: In der christlichen Paränese mischt sich die neutestamentliche Sonderterminologie (z.B. ἀγάπη usw.) mit jüdischen Vorstellungen, aber vor allem mit traditioneller griechisch-philosophischer Terminologie, in unserem Textbeispiel repräsentiert durch die Forderung, gut (ἀγαθός) zu sein, und mit anderen griechischen Ideen, etwa im 1. Klemensbrief im Leitmotiv, sich in die kosmische Ordnung einzufügen.

Das Tun der Gerechtigkeit

Zugleich wird an der zitierten Stelle deutlich, daß die Ethik nicht nur die Konsequenz des Evangeliums ist, sondern ein heilsentscheidender Faktor. Nicht das Bekenntnis allein rettet (wie bei Paulus), sondern das rechte Handeln, das Tun der Gerechtigkeit. Diese Grundauffassung, die im Neuen Testament am deutlichsten bei Matthäus und im Jakobusbrief ausgeprägt ist, bezeichnet den magnus consensus des christlichen Diskurses über ethische Fragen im 2. Jahrhundert.

Dieses Motiv »Werkgerechtigkeit« zu nennen, geht an der Sache vorbei. Nicht besondere »gute Werke« sind erforderlich, um aus eigener Kraft das Heil zu erwerben. Es liegt nicht in des Menschen Hand, sich selbst die Erlösung zu erarbeiten, wohl aber liegt es in seiner Verantwortung, das in der Taufe zugeeignete Heil nicht zu verspielen, d.h. es durch ein richtiges Leben (wie immer im einzelnen bestimmt) zu bewahren.

Ein wichtiger Grundzug frühchristlicher Ethik ist darum die Forderung nach Konsequenz und Authentizität, nach der Übereinstimmung von Glauben und Leben, die Warnung vor Heuchelei, Selbstbetrug[4] und »διψυχία«[5].

Der Gedanke der Rettung (bzw. der Bewahrung des Heils) durch »Werke«, d.h. durch Taten weist noch auf einen anderen Grundzug

[4] 2 Clem. 18, 3.

[5] 2 Clem. 19, 2; häufig im Hirten des Hermas, vgl. H. Kraft, Clavis Patrum Apostolicorum, Darmstadt 1963 s.v.

frühchristlicher Ethik hin: Sie hat es nie nur mit einer Gesinnung, einer Haltung, nie nur mit Innerlichkeit zu tun, sondern zielt stets auf konkretes, aufweisbares Verhalten (im Tun oder Unterlassen), in der Familie, in der Gemeinde und im Verhältnis gegenüber der Umwelt.

Leben des Glaubens in feindlicher Umwelt

In den Fragen des Verhältnisses zur nichtchristlichen »Welt« gewinnt die Ethik für die frühen Christen im 2. Jahrhundert ihre besondere Bedeutung, denn an den konkreten Problemen der Teilnahme am öffentlichen Leben muß die christliche Lebensführung sich bewähren in der Spannung zwischen der Realität einer von heidnischer Religion geprägten Welt und christlichen Grundüberzeugungen wie der Ablehnung von Opfern und Götzendienst.

Die Maxime ist dabei in der Regel die der Enthaltung und des Rückzuges: Christen gingen nicht zu Gladiatorenspielen (weil da Blut vergossen wurde), nicht ins Theater (nicht nur, aber vor allem wegen der mythologischen Stoffe), sie besuchten keine Bäder (aus sexualethischen Bedenken). Sie nahmen nicht an den öffentlichen Festen der Stadt und nicht an den damit verbundenen Gemeinschaftsmählern[6] teil, weil sie mit religiösen Handlungen zu Ehren heidnischer Götter verbunden waren. Sie schmückten an den Kaiserfesten ihre Häuser nicht[7]. Mit anderen Worten: Die Christen lehnten die kaiserzeitliche Unterhaltungskultur ab und entzogen sich weitgehend dem städtischen Leben. Diese Distanzierung von weiten Bereichen des öffentlichen Lebens hatte durchaus demonstrativen Charakter und wurde von der Umwelt auch in diesem Sinne registriert[8]. Christen fielen nicht nur durch ihr Tun, sondern gerade auch durch ihr Unterlassen auf[9].

Sie mieden konsequenterweise auch bestimmte Berufe, die mit der städtischen Unterhaltungskultur, mit Prostitution oder mit paganer Religion direkt zu tun hatten. Christen sollten nach der Traditio Apostolica (c. 16) weder Bordellbesitzer noch Wagenlenker noch Gladiatoren sein, weder Schauspieler noch Bildhauer noch Soldaten sein, die ja einen

[6] Tert., apol. 35, 2f. 11.

[7] Tert., apol. 35, 5. 11.

[8] G. Schöllgen, Integration und Abgrenzung: die Christen in der städtischen Gesellschaft, in: D. Zeller (Hg.), Christentum I: Von den Anfängen bis zur Konstantinischen Wende, RM 28, Stuttgart 2002, 389-408. 395.

[9] Mit seinem Urteil, dieser Rückzug der Christen sei nichts anderes als Feindschaft gegen die Welt, dürfte Kelsos nicht allein gestanden haben.

Eid auf den Kaiser schwören mußten und in ihrem Dienst mit heidnischen Symbolen und Praktiken zu tun hatten[10]. Und natürlich kamen auch die eigentlichen religiösen Berufe des Heidentums (Götzenpriester, Traumdeuter, Wahrsager usw.) nicht in Frage. Kurz gesagt, sollten Christen weder unsittliche Berufe[11] ausüben noch solche, die irgendwie mit Götzendienst in Berührung brachten[12].

Dort, wo völlige Enthaltung nicht in Frage kam, versuchten die Christen doch, ihre eigenen Werte konsequent zu leben und anders zu handeln, etwa im Umgang mit Heiden, für den Treue und Ehrlichkeit gefordert werden[13]. Eine eigene Wirtschaftsethik hat das frühe Christentum aber erstaunlicherweise nicht entwickelt[14].

Diese Selbstunterscheidung und Abgrenzung von der (heidnischen) Welt ist ein wesentliches identitätsstiftendes Moment frühchristlicher Ethik. Das Gegenbild wurde die Welt der Gemeinde. Insofern die Christen des 2. Jahrhunderts noch im wesentlichen eine verfolgte und argwöhnisch beäugte Minderheit waren, ist diese Selbstunterscheidung von der heidnischen Welt nur konsequent, hat aber auch Züge eines Protestes gegen die in der kaiserzeitlich-römischen Gesellschaft herrschenden Werte und Normen, ja auch etwas von einer gelebten Utopie, wie an der Stellung der Frauen oder der Sklaven deutlich wird[15].

Karlmann Beyschlag hat diese Grundhaltung auf die Formel gebracht: »In der Welt – nicht von der Welt«[16]: Die identitätsstiftende und –

[10] Vgl. Tert., coron.

[11] Zu denen zählte – auch im heidnischen Verständnis – der Beruf des Schauspielers, er gehörte einer Art »Halbwelt« an. Vgl. G. Schöllgen, Integration und Abgrenzung (wie Anm. 8), 407.

[12] »Hier spielt die theologische Kategorie der Idolatrie (Götzendienst) eine große, wenn nicht entscheidende Rolle; sie ist eine der wirkkräftigsten theologischen Kategorien, die das Christentum aus dem Judentum übernommen hat. In beiden Religionen beschränkt sich Götzendienst nicht auf die Teilnahme am Kult im engeren Sinne; prinzipiell ist jede Berührung mit der Götterverehrung zu vermeiden.« G. Schöllgen, Integration und Abgrenzung (wie Anm. 8), 391.

[13] Z. B. Herm., mand. III, 3-5.

[14] »... dieser Sachverhalt spricht dafür, dass die Wirtschaft keinen Problembereich für die Christen darstellte.« G. Schöllgen, Integration und Abgrenzung (wie Anm. 8), 407.

[15] Dabei wurde die Sklaverei als solche kaum in Frage gestellt. »Die philosophische Kritik an der Institution Sklaverei, die es durchaus gab, wurde nur in wenigen christlichen Milieus rezipiert...« J. Ulrich, Selbstbehauptung und Inkulturation in feindlicher Umwelt: Von den Apologeten bis zur »Konstantinischen Wende«. I. Theologische Entwicklungen, in: D. Zeller (Hg.), Christentum I (wie Anm. 8), 223-300. 257f.

[16] K. Beyschlag, In der Welt – nicht von der Welt. Der Weg der frühen Christen, Stundenbuch 32, Hamburg 1964.

stärkende Selbstunterscheidung der Christen wird an den lebenspraktischen, ethischen Fragen greifbar.

Unauffällig – und doch unterschieden

Dabei ist die Selbstunterscheidung nicht Absicht oder Prinzip, sie zielte nicht auf Aufmerksamkeit, sondern war die Konsequenz des eigenen Lebens aus dem Glauben. Soweit keine ethischen Konfliktfelder betroffen waren, haben die Christen allem Anschein nach recht unauffällig gelebt, die Beschreibung der Schrift an Diognet dürfte – bei aller poetischen Formulierung – doch zutreffen: »Sie bewohnen... griechische und barbarische Städte, wie immer es einen jeden traf, und sie folgen den einheimischen Sitten in Kleidung und Essen und in der übrigen Lebenspraxis...«[17]

Aber wie geht der Satz weiter? Ich zitiere jetzt nach der genaueren Übersetzung von Horacio E. Lona: »... zeigen sie die erstaunliche und anerkanntermaßen eigenartige Beschaffenheit ihrer Lebensweise.«[18] »Eigenartig« ist hier die Übersetzung des griechischen »παράδοξος«, die Lebensführung (πολιτεία) der Christen richtet sich nicht nach der Mehrheitsmeinung, nach der überkommenen δόξα (Heidegger würde sagen: nicht nach dem »Man«[19]), sondern folgt einem anderen Maßstab, nämlich eigenen Gesetzen, welche die Normen der Gesellschaft übertreffen, wie der Verfasser des Diognetbriefs gleich im Anschluß ausführt: »Sie gehorchen den erlassenen Gesetzen, und mit der ihnen eigenen Lebensweise überbieten sie die Gesetze.«[20] Das konkrete Beispiel dafür ist in Diogn. 5 die Frage der Kindesaussetzung: »Sie heiraten wie alle und bekommen Kinder; aber sie setzen die Neugeborenen nicht aus.«[21]

Hier klingt der auch sonst in der apologetischen Literatur begegnende Stolz an, mit dem christliche Schriftsteller im Dialog mit der Umwelt immer wieder auf die christliche Ethik zurückkommen: Die Christen haben nicht nur den wahren Glauben, sondern auch die bessere Gerechtigkeit, das reinere Leben, das seinerseits ein Erweis der Wahrheit ihres Glaubens ist.

[17] Diogn. 5, 4; 313 Lindemann/Paulsen.

[18] Diogn. 5, 4; 151 H. E. Lona, An Diognet, KfA 8, Freiburg 2001. »θαυμαστὴν καὶ ὁμολογουμένως παράδοξον ἐνδείκνυνται τὴν κατάστασιν τῆς ἑαυτῶν πολιτείας.«

[19] M. Heidegger, Sein und Zeit, Tübingen [15]1979, 113-130.

[20] Diogn. 5, 10; 313 Lindemann / Paulsen.

[21] Diogn. 5, 6; 313 Lindemann/Paulsen.

Die Kehrseite des »In der Welt – nicht von der Welt« ist eine mehr oder minder stark empfundene Fremdheit in der Gesellschaft bzw. gegenüber der Welt, die ja die Schrift an Diognet in ihrem 5. Kapitel besonders herausstreicht: »Sie bewohnen jeder sein Vaterland, aber wie Nichtbürger; sie haben an allem Anteil wie Bürger, und alles erdulden sie wie Fremde. Jede Fremde ist für sie Vaterland, und jedes Vaterland Fremde.«[22] Diese Fremdheit in der Welt, empfunden auch von der Gegenseite und von den Christen erlitten in Gestalt der Konsequenzen von Verfolgungen und absurden Vorwürfen, war im nichtgnostischen Christentum weniger theologisch als ethisch begründet und wurde von den Christen bewußt gelebt und in Kauf genommen – als alltagspraktische Folge ihres Glaubens.

3. Vom Neuen Testament zur Ethik des 2. Jahrhunderts

Die christliche Ethik des 2. Jahrhunderts hat sich aus der Ethik des Neuen Testaments in ihren vielfältigen Ausprägungen herausgebildet.

Ethik auf dem Boden des Judentums und im Geiste Jesu

So sehr man die verschiedenen ethischen Konzepte des Neuen Testaments auch differenzieren kann[23], der große gemeinsame Nenner ist nicht zu übersehen. Zunächst ist festzustellen, daß die Ethik im Neuen Testament in aller Regel in direktem theologischen Bezug zur Gestalt Jesu von Nazareth und seiner Predigt steht. Daraus ergibt sich: Der gemeinsame Horizont aller ethischen Vorstellungen des Neuen Testaments ist der des Frühjudentums. Die jüdischen Vorschriften, Sitten und Moralvorstellungen bilden zugleich den Mutterboden wie – oft in negativer Abgrenzung[24] – den Hintergrund christlicher Ethik. In produktiver Auseinandersetzung (und Konkurrenz) mit dem ernsthaft entschiedenen Judentum des Pharisäismus stand schon die ethische Verkündigung Jesu; die von ihm verkündigte Liebes-Ethik, die im Doppelgebot der Nächsten- und Feindesliebe ihre höchste Zuspitzung erfährt, setzt gegen die nomistische Forderung der unbedingten Gebotserfüllung den neuen, in Jesu Gottesbild wurzelnden Maßstab der ἀγάπη.

[22] Diogn 5, 5; 313 Lindemann/Paulsen.

[23] Vgl. W. Schrage, Ethik des Neuen Testaments, 5., neubearb. und erw. Aufl., (2. Aufl. dieser neuen Fassung), GNT 4, Göttingen 1989.

[24] Mt 5, 20; 6f.; 6,16 u.ö.

Gegenüber dem Judentum lehrt Paulus die Freiheit von den Werken des Gesetzes, während Matthäus und Jakobus die jüdische Ethik durch eine bessere Gerechtigkeit zu überbieten trachten. Auch in der Ethik der johanneischen Schriften steht zumindest im Johannesevangelium die Abgrenzung vom Judentum, das geradezu zum Inbegriff der feindlichen Welt wird, deutlich vor Augen.

Streit um die Geltung der Tora

Die Konflikte um Jesus und seine Jünger entzünden sich immer wieder an praktischen ethischen Fragen, etwa an kalkulierten Gebotsübertretungen am Sabbat[25]. Neutestamentliche Ethik steht so von Anfang an im Zusammenhang mit der Selbstdefinition der Jesusanhänger durch Abgrenzung vom Judentum, in der die neue Glaubensgemeinschaft sich allererst formiert hat. Die Frage nach dem Bekenntnis zu Jesus als dem Messias wird stets begleitet von der Frage nach der Treue zur Tora. Suchten die ältesten Christen in Jerusalem bei der Frage nach der Praxis noch mittlere Lösungen[26], so öffnete Paulus mit seiner Theologie den Christen bald einen eigenen Weg, der sie klar und endgültig aus der Gemeinschaft des Judentums hinausführte.

Bildet die Abgrenzung von der jüdischen Umwelt den negativen Hintergrund, so der (wenigstens implizite) Bezug auf Jesus von Nazareth und seine Predigt den positiven Brennpunkt aller Paränese. Gegenüber der Vielfalt christologischer Konzepte zeigen die ethischen Vorstellungen im ältesten Christentum insgesamt größere Gemeinsamkeit.

Jesu Predigt vom nahe gekommenen Reich Gottes war direkt verknüpft mit ethischen Konsequenzen, in Streitgesprächen und Lehrreden trug Jesus eine neue, z.T. mildere, z.T. verschärfende Toraauslegung vor[27]. Am Anfang der Jesusüberlieferung und am Anfang der Geschichte der Kirche steht der Streit um das richtige Tun, zunächst eng geführt auf die Frage der Gesetzesbefolgung. An der Scheidelinie dieser Frage, die schon Jesus in Konflikt mit den jüdischen Autoritäten brachte, trennten sich Christen und Juden, sie war ebenso wichtig wie die Frage nach dem Messiasbekenntnis. Indem Paulus ein von Gesetzeswerken freies Christentum verkündete, wurde er zum eigentlichen Begründer einer neuen Religion. Aber der Prozeß der Ablösung der Christen vom Judentum

[25] Z. B. Mk 2, 23-28.
[26] Vgl. Gal 2, 11-14.
[27] Mt 5, 21-6, 18.

dauerte mehrere Jahrzehnte. Auch für die nachpaulinischen neutestamentlichen Schriften, die ja zum größten Teil zwischen dem jüdischen Krieg und dem Ende des 1. Jahrhunderts entstanden, ist das Problem der jüdischen Kultpraxis noch keineswegs ganz abgetan. Am Ende des 1. Jahrhunderts wird man die Trennung von Christentum und Judentum als vollzogen ansehen.

Wenn man den Berichten der Apostelgeschichte über die erste Jerusalemer Gemeinde glauben darf, vollzog sich diese Ablösung vom Judentum und seiner kultischen Praxis anfangs nur langsam. Die Etablierung eines gesetzesfreien Heidenchristentums durch Paulus bedeutete zwar einen Sprung nach vorn, aber neben der heidenchristlichen Entwicklung gibt es noch mancherlei Versuche, sich in größerer Nähe zum Judentum zu verstehen, vom Matthäusevangelium bis zum Judenchristentum der Ebioniten oder der Pseudo-Clementinen. Das Judentum und die Juden blieben zudem für viele christliche Gemeinden unmittelbarer Lebenskontext[28]. Die Verschiebung der Fastentage in der Didache (8, 1) deutet auf ein unmittelbares Konkurrenzverhältnis hin, nicht anders als die abschätzigen Äußerungen über die Juden im Johannesevangelium. Aber der Bruch, die klare Abgrenzung der einen Religion von der anderen ist hier immer schon vorausgesetzt (vgl. Joh 16, 2).

Trennung und anhaltender Streit um das Erbe

Im 2. Jahrhundert hat das Bild sich verwandelt: Die Trennung vom Judentum ist erfolgt, aber der theologische Streit um das gemeinsame Erbe geht weiter, die Schärfe der Auseinandersetzung in der nun einsetzenden Adversus-Iudaeos-Literatur nimmt sogar eher noch zu: Der Barnabasbrief spricht den Juden den Bundesschluß am Sinai geradezu ab, und Melito von Sardes erklärt die Juden zu Gottesmördern[29]. Das Judentum ist als Mutterreligion für die Selbstdefinition des Christentums nach wie vor ein wesentlicher, aber doch nur noch ein theoretischer Gegner in der theologischen Auseinandersetzung, die Verselbständigung des Christentums und die Trennung vom Judentum sind erfolgt und nicht mehr umzukehren. Ein Teil der Adversus-Iudaeos-Literatur benutzt das Judentum wohl nur noch als Folie für innerchristliche Auseinandersetzung[30].

[28] D. Zeller, Konsolidierung in der 2./3. Generation, in: ders. (Hg.), Christentum I (wie Anm. 8), 124-222. 150f.

[29] Mel., pass. 96.

[30] Das hat F. R. Prostmeier am Beispiel des Barnabasbriefes gezeigt: »Aus dieser mit den Mitteln einer spezifischen Hermeneutik gewonnenen theologischen Ausschaltung des

Zudem zieht sich das Judentum im Zuge seiner Neuformierung nach dem Verlust der kultischen Mitte des Tempels zu Jerusalem in seine eigene Welt (und auch Sprachwelt) zurück, bricht den geistigen Austausch und Kontakt mit der heidnisch-antiken Umwelt ab und beachtet – allem Anschein nach – auch die christliche polemische Literatur, die meist in griechischer Sprache entsteht, nicht weiter. In der talmudischen Literatur werden jedenfalls Jesus und die Christen kaum je erwähnt[31].

Ethik im Geiste Jesu

Die Ethik der Christen ist im Grundsatz jesuanische Ethik. Adolf von Harnack, der Großmeister treffender Formulierungen, hat die ethischen Forderungen des frühen Christentums auf den gemeinsamen Nenner des »Evangeliums der Liebe und Hilfleistung« gebracht[32]. Dieser definitorische Versuch ist natürlich auch seiner eigenen Konzeption von Jesus und seiner Predigt[33] geschuldet, trifft aber den Kern der Sache gut. Die christliche Ethik des Neuen Testaments ist zentriert um Jesu Verkündigung der Gottes- und Nächstenliebe, sie ist keine Tugendethik im Sinne persönlicher Weiterentwicklung (wie in der hellenistischen Philosophie), sondern eine Ethik, die ganz am Gemeinschaftsgedanken der Zuwendung zu den anderen, den Armen, den Hilfsbedürftigen steht.

Das in Christus geschenkte Heil ist keine billige Gnade, rechtes Handeln entscheidet mit über das Heil: Auch der Orthopraxiegedanke ist jüdisches Erbe. Aber er wird von der Kultpraxis umgelenkt bzw. zugespitzt auf die Ethik. Die ethischen Einzelvorstellungen des frühen Christentums wurzeln material durchaus in der jüdischen Tradition, Hellenistisches tritt anfangs nur ganz zögernd zutage, zuerst bei Paulus in seinem Gewissensbegriff und seinen in Röm 1 und 2 vorgetragenen Gedanken zur Unentschuldbarkeit der Heiden, die durchaus eine Nähe zu stoischen

Judentums resultiert die Instrumentalisierung von allem Jüdischen zum Zweck der innerchristlichen Polemik. Von daher erklären sich Umfang, Eigenart und Vehemenz der antijüdischen Polemik im Barn.« F. R. Prostmeier, Antijudaismus im Rahmen christlicher Hermeneutik. Zum Streit über christliche Identität in der Alten Kirche. Notizen zum Barnabasbrief, ZAC 6, 2002, 38-58. 54.

31 Vgl. J. Maier, Jesus von Nazareth in der talmudischen Überlieferung, EdF 82, Darmstadt 1978. Ders., Jüdische Auseinandersetzung mit dem Christentum in der Antike, EdF 177, Darmstadt 1982.

32 A. v. Harnack, Die Mission und Ausbreitung des Christentums in den ersten drei Jahrhunderten, Leipzig [4]1924 (ND Wiesbaden o.J.), 170–229.

33 Vgl. Ders., Das Wesen des Christentums. Hg. u. komm. v. T. Rendtorff, Gütersloh 1999.

Naturrechtslehren zeigen. Erst im 2. Jahrhundert wandern aus der Popularphilosophie und vor allem aus der Stoa[34] ethische Ideen und Begriffe in breiterer Front in die christliche Ethik ein. Dazu gehören die Motive des Ziels der Überwindung der Affekte, aber auch der alt- und gemeingriechische, dem Solon zugeschriebene Grundsatz »nichts zu sehr«, das Gebot des Maßhaltens in allen Dingen.

Die materiale Basis christlicher Ethik bleibt aber bestehen und immer erkennbar: Es ist die neutestamentliche Liebesethik, die letztlich auf die Predigt Jesu zurückgeht.

Entfaltung der ἀγάπη

Auch das Gebot der Nächstenliebe ist jüdischen Ursprungs. Jesu Verkündigung bewegt sich im Horizont des Judentums. Christliche Ethik ist in ihrem materialen Kern darum zunächst einmal jüdische Ethik ohne die Kultordnung des Judentums, das heißt ohne Beschneidung, Sabbat, Speise- und Reinheitsgesetze, wohl aber basiert auf dem Dekalog, zugespitzt im Liebesgebot[35], und mit der Trias »Beten – Fasten – Almosen«.

Die darüber hinausführenden Konkretisierungen neutestamentlicher Ethik sind in aller Regel Anwendung und Entfaltung des Grundgedankens der ἀγάπη. »Die einfachste Zusammenfassung der frühchristlichen Sonder-Ethik ist in den Tugend- und Lasterkatalogen und den Haustafeln gegeben, die zahlreich überliefert sind...«[36] Der Grundzug dieser christlichen Sittenlehre ist die Mahnung zu einem zurückgezogenen Leben in Liebe und Treue, Sanftmut und Demut. Dabei ist ein Vierstufenschema der Lebensbereiche zu erkennen: der einzelne Christenmensch – das Haus – die Gemeinde – die andersgläubige Welt. Wichtig ist dabei, daß zwar die Liebe zu den Glaubensgenossen besonders betont werden kann (1Joh), daß aber die Forderungen etwa der Vergebungsbereitschaft oder der Demut nicht weniger gegenüber Glaubensfremden gelten. Im 2. Jahrhundert weitet sich der Horizont: An die Stelle der Haustafeln treten in den Pastoralbriefen und den Schriften der sog. Apostolischen Väter allgemeiner gehaltene »Gemeindetafeln« (z.B. 1Clem. 21, 6ff; Barn. 19, 5–12)[37].

[34] Immer noch klassisch J. Stelzenberger, Die Beziehungen der frühchristlichen Sittenlehre zur Ethik der Stoa. Eine moralgeschichtliche Studie, München 1933.

[35] Röm 13, 8-10.

[36] A. Dihle, Art. Ethik, RAC 6 (1966), 646-796. 710.

[37] Vgl. M. Gielen, Art. Haustafel, LThK³ 4 (1995), 1219f.

Ein eigentümlicher Zug, der schon im Neuen Testament aufscheint, ist das besondere Gewicht der Sexualethik. Hierher gehören die Betonung der Unauflöslichkeit der Ehe und die scharfen Urteile über Prostitution, Homosexualität und alle Arten von Unzucht. Die Verwerfung der Ehescheidung wurzelt möglicherweise in den ältesten Jesustraditionen bzw. in der Verkündigung Jesu selbst. Daneben treten aber auch weitergehende asketische Motive. Bei Paulus hängt die (grundsätzliche) Forderung der Ehelosigkeit (1Kor 7, 1. 7.) mit seiner Erwartung der nahen Parusie Christi zusammen, aber Worte wie jenes von den »Eunuchen für das Himmelreich« (Mt 19, 12) weisen zurück auf radikal-asketische Konzepte, wie sie sich wahrscheinlich in der Logienquelle finden. Wenngleich die radikalen Tendenzen in Sondergruppen auswanderten (oder dort wieder auflebten) und sich im Mehrheitschristentum nicht durchsetzten, bleiben die Fragen der Sexualethik und der Ehe für die Folgezeit wichtige Themen und behalten ihre exemplarische Bedeutung auch in der Auseinandersetzung mit dem Heidentum, so besonders die Fragen von Ehescheidung, zweiter Ehe und Geburtenkontrolle (Abtreibung, Kindstötung und Kindesaussetzung).

Der jüdische Orthopraxiegedanke wird von den kultischen Fragen verschoben auf die Ethik. Das rechte Leben in der Welt (aber nicht nach ihren Maßstäben) ist der »vernünftige Gottesdienst« (Röm 12, 1f.). Zum rechten Tun gehört für Christen der paulinischen Gemeinden aber nun eben auch die klare Trennung von jüdischen Kultpraktiken. Für Paulus und seine Schule (Gal, Kol) ist ein Rückfall in jüdische kultische Praxis nicht weniger ein Grund für die Trennung (Gal 2, 18) bzw. den Ausschluß aus der Gemeinde als ein Ehebruch (1Kor 5, 1–5). Förmlicher Gemeindeausschluß kommt im ältesten Christentum aber anscheinend nur wegen sittlichen Fehlverhaltens vor (1Kor 5; Apg 5; Mt 18, 15–18).

Die ethischen Fragen nehmen weiten Raum in der neutestamentlichen Literatur ein. Das ändert sich auch im 2. Jahrhundert nicht.

4. Christliche Ethik im 2. Jahrhundert: Themen und Entwicklungstendenzen

Moralisierung?

Bei der Betrachtung der Entwicklung der christlichen Ethik im 2. Jahrhundert stößt man in der älteren wissenschaftlichen Literatur auf den

Vorwurf der Gesetzlichkeit und Moralisierung[38] des Christentums. Auf der anderen Seite könnte man auch von einer mit der Ausbreitung des neuen Glaubens einhergehenden partiellen Verweltlichung der Christenheit sprechen[39]. So widersprüchlich diese Feststellungen zu sein scheinen, sie beschreiben beide aufweisbare Phänomene.

Das 2. Jahrhundert ist eine Zeit der Gärung und der Vorbereitung, die sich vom neutestamentlichen Zeitalter nicht weniger unterscheidet als von den folgenden Jahrhunderten der theologischen Entscheidungen und der organisatorischen Ausformung der Kirche. Christoph Markschies charakterisiert das 2. Jahrhundert mit dem Begriff »Laboratorium«: »Auf breitester Front werden in den Großstädten Menschen verschiedenster Schichten gewonnen, und die Kirche wirkt wie ein ‚Laboratorium', in dem verschiedene Gestalten von Theologie, Ämterhierarchie und Ethik ausprobiert werden.«[40]

Dabei darf nicht übersehen werden, daß die Ethik ein besonders starkes verbindendes Element unter Christen und christlichen Gemeinden darstellte, vielleicht ein wenigstens ebenso starkes wie Theologie und Liturgie. Wenn ein Christ im Römischen Reich in eine andere Provinz reiste oder umzog, so konnten ihm vielleicht andere Formulierungen des Christusbekenntnisses begegnen, auch unterschiedliche liturgische Formulare. Aber wohin er auch zog, gewisse Mindeststandards christlicher Ethik traf er überall an und wird nirgends auf Christen gestoßen sein, die es etwa für legitim hielten, abzutreiben oder Neugeborene auszusetzen. Was es freilich gab, waren Gruppen, die die ethischen Standards für sich höher setzten und ein asketisch-rigoristisches Christentum zu leben versuchten. Dies waren aber genau die Gruppen, die auch in der Theologie auffallende Sondermeinungen vertraten und deshalb nach und nach als häretisch ausgeschieden wurden.

[38] Vgl. A. Ritschl, Die Entstehung der altkatholischen Kirche, Bonn [2]1857, 295. A. v. Harnack, Lehrbuch der Dogmengeschichte I: Die Entstehung des kirchlichen Dogmas, Tübingen [4]1909, 190f. R. Seeberg, Lehrbuch der Dogmengeschichte I, Stuttgart [5]1960, 180f.

[39] »Origenes mußte in der Auseinandersetzung mit Kelsos zugeben, daß mit dem Anwachsen der Zahl der Gläubigen ihre Qualität nicht nur tatsächlich abgenommen hatte, sondern eine‚volkskirchliche' Entwicklung den spirituellen Rang der Verkündigung und die Höhe der sittlichen Forderungen zwangsläufig beeinträchtigen mußte. Trotzdem wollte er lieber einen solchen Qualitätsverlust in Kauf nehmen, als auf die Verkündigung an alle Menschen zu verzichten.« E. Dassmann, Kirchengeschichte I: Ausbreitung, Leben und Lehre der Kirche in den ersten drei Jahrhunderten, Kohlhammer Studienbücher Theologie 10, Stuttgart 1991, 229.

[40] C. Markschies, Zwischen den Welten wandern. Strukturen des antiken Christentums, Frankfurt/M. [2]2001, 46.

Rahmenbedingungen

Betrachten wir zunächst die Rahmenbedingungen christlicher Ethik im 2. Jahrhundert: Zum einen ist deutlich, daß für die Mehrheit der Christen die Trennung vom Judentum erfolgt ist. Die Frage der jüdischen Kultpraxis stellt kein aktuelles Thema mehr dar. Mit der Trennung von der Synagoge haben die Christen aber auch deren besonderen rechtlichen Schutz eingebüßt.

Die rechtliche Lage der christlichen Gemeinden ist während des ganzen 2. Jahrhunderts durchaus ungeklärt zwischen stillschweigender Duldung und gelegentlicher Verfolgung. Die christliche Kirche lebt wesentlich noch im Verborgenen, was ihrer Anziehungskraft aber keinen Abbruch tut, sie hat freilich noch keine Räume öffentlicher Entfaltung. Die Nichtöffentlichkeit des Gottesdienstes ermöglicht allererst das Aufkommen haarsträubender Geschichten[41] über den christlichen Kultus, in denen auch das, was Außenstehende von christlicher Ethik wissen konnten, geradezu bizarr karikiert wird in dem Märlein, die Christen betrieben bei ihren Zusammenkünften Kannibalismus und feierten sexuelle Orgien. Der dritte Vorwurf, der gegen die Christen in Umlauf war, war der des Atheismus. Diese drei Vorwürfe korrespondieren in auffälliger Weise mit der Trias der drei Hauptsünden[42] und spiegeln sich wiederum in der Anprangerung griechischer Mythen und heidnischen Lasterlebens durch die Apologeten[43].

Diese Sondersituation begünstigte die Pflege einer Sonderethik, die freilich im Laufe der Zeit manchen Wandlungen unterlag, die wiederum nicht zuletzt mit dem Wachstum der Gemeinden zusammenhingen.

In der »Anpassung« und »Ermäßigung« bestimmter ethischer Forderungen spiegelt sich der Weg des Christentums in die Welt, natürlich auch die schwindende Naherwartung der Parusie Christi, nicht zuletzt auch der quantitative Erfolg der Mission. Mit dem Vordringen des neuen Glaubens auch in die höheren Stände bedurfte die Perikope vom reichen

[41] R. Freudenberger, Der Vorwurf ritueller Verbrechen gegen die Christen im 2. und 3. Jahrhundert, ThZ 23, 1967, 97-107.

[42] Vgl. R. Staats, Art. Hauptsünden, RAC 13 (1986), 734-770. 753f.

[43] Vgl. Just., 1 apol. 27, 5; 44 E. J. Goodspeed (Hg.), Die ältesten Apologeten. Texte mit kurzen Einleitungen, Göttingen 1914 (ND 1984). Vgl. Athenag., leg. 32, 1. »Die Auseinandersetzung um christliche Lebensführung gehört einerseits in den Kontext der Abwehr paganer Vorwürfe, die dem Christentum sittliche Laxheit unterstellten, zählt aber zugleich zum festen Kern christlicher Identitätsbestimmung und Selbstdefinition.« J. Ulrich, Selbstbehauptung und Inkulturation in feindlicher Umwelt (wie Anm. 15), 255.

Jüngling einer ermäßigend-vermittelnden Auslegung, wie sie uns Klemens von Alexandrien in seiner Schrift »Welcher Reiche wird gerettet werden?« gibt. Und der im 2. Jahrhundert wohl noch verbreitete Gedanke der Unvereinbarkeit von Christentum und Soldatendienst, der noch in der Traditio apostolica erscheint, wird in dem Maße obsolet, als es eben seit der Zeit Mark Aurels auch unter den Soldaten Christen gibt[44]. (Im 3. Jahrhundert steigt ihre Zahl weiter, die Christenverfolgungen unter Diokletian bezeugen uns diesen bedeutsamen Wandel, der natürlich Konsequenzen für die Ethik haben mußte.)

Langsamere Prozesse der Modifizierung und teilweisen Ermäßigung ethischer Forderungen zeigen sich auch bei der Frage von Ehescheidung[45] und zweiter Ehe[46], aber in den meisten anderen Einzelfragen ist nahezu kein Wandel zu bemerken. Dazu gehört die strikte Ablehnung von Abtreibung und Kindesaussetzung ebenso wie die Warnung vor dem Besuch von Zirkus- und Kampfspielen[47] und öffentlichen Bädern[48].

Das Ethos des stillen, zurückgezogenen Lebens, das zwar die Welt nicht als solche flieht, aber doch in Distanz geht zur öffentlichen mit dem Heidentum verbundenen Kultur und den Rückhalt in der überschaubaren Gemeinschaft der Glaubensgenossen sucht und findet, bleibt, gerade auch unter den Vorzeichen der unsicheren Rechtslage, wie sie nach den Rescripten des Trajan und des Hadrian bestand, das bestimmende Muster.

Anspruch und Wirklichkeit

Der Orthopraxiegedanke wird festgehalten in der doppelten Forderung der Rechtschaffenheit jedes Einzelnen und der Reinheit der gesamten Gemeinde, aber ebenso deutlich wird, daß dies ein Ideal ist, das allzu oft

[44] J. Ulrich (wie Anm. 15), 258.

[45] G. Delling, Art. Ehescheidung, RAC 4 (1959), 707-719. 714. Vgl. auch J. Ulrich, Selbstbehauptung und Inkulturation in feindlicher Umwelt (wie Anm. 15), 255-257.

[46] B. Kötting, Art. Digamus, RAC 3 (1957), 1016-1024. 1020f.

[47] Hier könnte die Zunahme der Mahnungen darauf hindeuten, daß die grundsätzliche Ablehnung der Teilnahme an diesen Veranstaltungen unter »den kleinen christlichen Leuten« eben nicht so viel Widerhall fand wie gewünscht, vgl. B. Pouderon, Die frühen Christen und die griechische Kultur, in: L. Pietri (Hg.), Die Zeit des Anfangs (bis 250), Die Geschichte des Christentums 1, Freiburg 2003, 863-942. 899.

[48] J. Zellinger, Bad und Bäder in der altchristlichen Kirche. Eine Studie über Christentum und Antike, München 1928.

nicht zu erreichen bzw. durchzuhalten ist. Die Kluft zwischen dem Anspruch der ethischen Forderung und der Wirklichkeit in den Gemeinden zeigt sich zum einen an der unverminderten Eindringlichkeit, manchmal auch der Verstärkung[49] der Paränese, zum anderen an der Behandlung der Fragen von Buße und Sündenvergebung.

Das Problem der postbaptismalen Sünden erfährt eine Lösung durch die Herausbildung des Bußinstituts einerseits und der Lehre von den drei Hauptsünden andererseits.

Die Anfänge des Bußwesens gehen deutlich ins 1. Jahrhundert und ins Neue Testament zurück[50]. Im 2. Jahrhundert ist die Buße als Möglichkeit der Wiedergewinnung der mit der Taufe erlangten Gnade überall vorausgesetzt. Von der Möglichkeit der Buße ausgeschlossen bleiben freilich im 2. Jahrhundert noch die drei Hauptsünden Abfall vom Glauben, Unzucht und Menschentötung (ohne unsere Unterscheidung zwischen Totschlag und Mord[51]). Diese Trias begegnet schon in den Zwei-Wege-Lehren (Didache und Barnabasbrief), freilich noch nicht in der expliziten Unterscheidung von vergebbaren Verfehlungen und unvergebbaren Hauptsünden, die anscheinend Tertullian zum ersten Mal so formuliert hat[52]. Daß die Unterscheidung der Sache nach aber längst vorgenommen wurde, belegen uns gelegentliche Erwähnungen der Hauptsündentrias in der apologetischen Literatur[53].

Die Unterscheidung und Gewichtung von einzelnen Verfehlungen steht ebenso wie die Etablierung der institutionellen Buße in Zusammenhang mit dem Wachstum der Gemeinden. Gegenentwürfe bzw. Einsprüche gegen diese Entwicklung langsamer Verweltlichung (trotz aller äußeren Distanzierung) kommen im 2. Jahrhundert durchweg aus zwei Richtungen: Von Einzelnen oder Gruppen, die vom nahen Weltende überzeugt sind (Hermas, die »Neue Prophetie« des Montanus und seiner Gefährtinnen) oder von solchen, deren theologische Überzeugungen die Konsequenzen einer völligen Distanzierung von der Schöpfung und eine radikale Leibfeindlichkeit implizierten. Hier sind Markion und seine Sonderkirche und die allermeisten gnostischen Richtungen zu nennen.

[49] »Der intensive Kampf gegen den Besuch der *spectacula*, der bereits in vorkonstantinischer Zeit mehrere Traktate gegen die Schauspiele hervorgebracht hat, macht deutlich, dass das kirchliche Verbot von Einzelnen immer wieder missachtet wurde.« G. Schöllgen, Integration und Abgrenzung (wie Anm. 8), 395.

[50] B. Poschmann, Art. Buße B. Christlich, RAC 2 (1954), 805-812. 805.

[51] R. Staats, Art. Hauptsünden (wie Anm. 42), 751.

[52] Tert., pud. 1 – 6, bes. 5; pud. 12; vgl. idol. 1.

[53] Vgl. R. Staats, Art. Hauptsünden (wie Anm. 42), 754.

Gnosis konnte freilich – wahrscheinlich eher vereinzelt – auch libertinistische Konsequenzen zeitigen, die für die »großkirchliche« Ethik keine Möglichkeit (und keine Versuchung) darstellten.

Die Auseinandersetzung mit den Häresien des 2. Jahrhunderts ist, was mitunter übersehen wird, immer auch eine Auseinandersetzung um ethische Normen, um das rechte Verständnis des Erbes der Orthopraxie gewesen. Das deutlichste Beispiel hierfür ist die Hinwendung Tertullians zum Montanismus, die doch wesentlich seiner Überzeugung zuzuschreiben ist, die »Neue Prophetie« bewahre die ethischen Maßstäbe getreuer als die »katholische« Großkirche.

Weltfähigkeit

Obwohl man die Tendenz zur behutsamen, manchmal stillschweigenden Ermäßigung einzelner Forderungen nicht übersehen kann, hat die junge Kirche doch im allgemeinen die auf Jesus zurückgehenden grundlegenden Standards christlicher Ethik bewahrt, ohne dabei in Rigorismus oder Gesetzlichkeit zu verfallen. Die sich entwickelnde Kirche blieb eine offene, einladende Gemeinde und zog sich nicht in eine abseitige Sonderwelt zurück[54]. Gerade das Augenmaß im Umgang mit Fragen der Ethik erhielt dem Christentum seine Weltfähigkeit, ließ die christliche Gemeinde zur Kirche werden und nicht zur Sekte.

Christliche Ethik im 2. Jahrhundert ist im »großkirchlichen« Kontext auch nie eine mehrstufige Ethik. Das Motiv verschiedener »Klassen« innerhalb der Gemeinde begegnet uns zuerst bei den Gnostikern der valentinianischen Schule, es wird später in modifizierter Form von Klemens von Alexandrien und Origenes adaptiert. Bezogen wird es aber nur auf das geistliche Fassungsvermögen, bei dem Unterschiede zu konstatieren sind. Unterschiedliche ethische Forderungen ergeben sich daraus nicht. Zwar setzt sich die Unterscheidung von Klerus und Laien durch, zwar werden an den Klerus bestimmte ethische Ansprüche gestellt, aber er unterliegt doch noch keinen expliziten Sondernormen (wie z.B. dem Zölibat).

Christliche Ethik war – gemessen an den geltenden Maßstäben der Zeit – eine deutlich unterschiedene Sonderethik. Gerade mit ihrem

[54] »Die einzigartige Leistung der Kirche aber ist, daß sie sich... nicht auf ein sektenhaftes Innenleben zurückgezogen hat, sondern daß sie, allen Verfolgungen zum Trotz, auf eben *diese* Welt zugegangen ist, um sie mit ihren Geist schließlich ganz zu durchdringen.« K. Beyschlag, In der Welt – nicht von der Welt (wie Anm. 16), 21.

innersten Kern, dem Gedanken der ἀγάπη und den daran sich anschließenden Motiven der Demut, des Verzichts auf Gewalt und Vergeltung, der Sanftmut und Barmherzigkeit war die christliche Ethik innerhalb der antiken Welt und auch im Vergleich mit den ethischen Vorstellungen der Philosophie ein klar unterschiedenes, eigenes Konzept[55]. Dabei stellte aber die christliche Ethik keine schwer oder gar nicht erfüllbaren Forderungen, nicht einmal als Ideal, sondern nur solche, die prinzipiell von allen Menschen einzusehen und zu erfüllen waren.

Das gilt auch auf dem Feld der Sexualethik, auf dem sich der Einfluß philosophisch-asketischer Gedanken besonders bemerkbar macht in der Hochschätzung der Jungfräulichkeit, die dem Judentum in dieser Form fremd ist. Das Lob der Jungfräulichkeit und sexueller Abstinenz[56] können aber die Hochschätzung der Ehe nicht gefährden. Damit ergibt sich ein gewisser demokratischer Charakter christlicher Ethik, die Askese als Möglichkeit mit einschloß, jedoch nie grundsätzlich und von jedermann verlangte.

Man könnte sagen: Das Besondere an der christlichen Sonderethik war eben dies, daß sie keine wirkliche Spezialethik für eine kleine Gruppe war, die besondere asketische Anstrengung erforderte, sondern eine Sittenlehre, die prinzipiell und ohne große Mühe von allen Menschen, Alten und Jungen, Männern und Frauen, Reichen und Armen gelebt werden konnte.

Anziehungskraft

Die Gemeinde, die sich als das neue Gottesvolk verstand, war keine in sich abgeschlossene, sondern eine einladende Gemeinde, nicht zuletzt durch ihre einfache und universale Ethik (vgl. Gal 3, 28). Hier ist daran zu erinnern, daß uns für das 2. und 3. Jahrhundert als Grund für die Ausbreitung des christlichen Glaubens kaum irgendwo gezielte Missionspredigt erkennbar ist. Der Erfolg des Christentums beruhte vielmehr ganz wesentlich auf der Ausstrahlung des christlichen Alltagslebens, der Überzeugungskraft christlicher Ethik[57].

[55] »So imponierend nämlich das heidnisch-philosophische Ethikkonzept mit seinem Tugendsystem war, es besaß auch Defizite. Barmherzigkeit, Demut und Nächstenliebe um des Nächsten, und nicht der eigenen Vervollkommnung willen, fehlten.« E. Dassmann, Kirchengeschichte I (wie Anm. 39), 228.

[56] Vgl. z. B. Athenag., leg. 33, 2f.

[57] Vgl. E. Molland, Besaß die Alte Kirche ein Missionsprogramm und bewußte Missionsmethoden?, in: H. Frohnes (Hg.), Kirchengeschichte als Missionsgeschichte I,

Ein wichtige Folge des Prinzips der ἀγάπη und gewiß auch ein Faktor eigener Anziehungskraft war die geschwisterliche Grundsolidarität innerhalb der Gemeinden. »Sehet, wie sie einander lieben«, das sagen nach Tertullian[58] auch die Heiden, und selbst wenn wir den rhetorisch-apologetischen Überschwang Tertullians in Rechnung stellen, bleibt etwas Wahres daran. Die gemeindliche Fürsorge für die Armen, die Waisen, die Witwen, die gemeinsame Sorge für das Begräbnis der Gläubigen – auch dies wirkte einladend und anziehend. Das Prinzip der Feindesliebe ließ zudem die Fürsorge nicht an den Grenzen der Gemeinde enden[59]. In Zeiten großer Not erstreckte sich die Liebestätigkeit auch auf Heiden[60].

Nicht zuletzt wirkte sich die Ethik auch direkt positiv auf das Wachstum der Gemeinden aus: Die Fürsorge für die Kranken ließ die Sterblichkeit sinken, und das Verbot von Abtreibung und Kindesaussetzung ließ die Zahl der Christen überdurchschnittlich zunehmen[61].

5. Begründungsstrukturen christlicher Ethik: Gericht, Christos Didaskalos, Vernunft

Eine eigene Erwägung verdienen die Begründungsstrukturen der ethischen Forderungen im frühen Christentum des 2. Jahrhunderts.

Gericht und Gerichtsangst

»Auch ich selbst nämlich, obwohl ganz und gar sündig und noch nicht der Versuchung entflohen, sondern inmitten der Instrumente des Teufels, bemühe mich eifrig, der Gerechtigkeit nachzujagen, damit ich Kraft erlange, ihr wenigstens nahezukommen, da ich das künftige Gericht fürchte.«[62] Der Eindruck einer gewissen Moralisierung des Christentums

München 1974, 65: »Der bedeutsamste Faktor für die Ausbreitung des Christentums lag in den persönlichen Kontakten, bei denen alles von der Überzeugungskraft des christlichen Lebens bei den Gläubigen abhing.«

[58] Tert., apol. 39, 7.

[59] J. Ulrich (wie Anm. 15), 259f.

[60] Vgl. Eus., h.e. VII, 22, 7-10.

[61] A. Merkt, Die Profilierung des antiken Christentums angesichts von Polemik und Verfolgung, in: D. Zeller (Hg.), Christentum I (wie Anm. 8), 409-433. 433 (Fußnote unter Bezug auf R. Stark, Der Aufstieg des Christentums. Neue Erkenntnisse aus soziologischer Sicht, Weinheim 1997.)

[62] 2 Clem. 18, 2; 173 Lindemann/Paulsen.

kann sich stützen auf die häufigen Hinweise auf das Jüngste Gericht[63], die ethische Forderungen motivieren. Es »... ist nicht zu bestreiten, dass in weiten Teilen der frühchristlichen Literatur ausgesprochen massive, auch anthropomorphe Ausmalungen des göttlichen Gerichts zu finden sind, die angstbesetzt sein müssen und die neben der Hoffnung auf endzeitliche Gerechtigkeit offensichtlich auch zur Einschärfung moralischer Standards dienten.«[64]

Hier hat zweifellos eine Verschiebung stattgefunden. Auch im Neuen Testament ist die Erwartung des Gerichts natürlich gegeben, aber das Endgericht wird oft nur flankierend angeführt, nicht als zentrales motivierendes Moment der Paränese gebraucht. Insofern wird man sagen können: Die im Neuen Testament etwa durch Matthäus[65] vertretene Linie der direkten Motivierung ethischer Forderungen durch das bevorstehende Endgericht hat sich im 2. Jahrhundert durchgesetzt gegenüber der paulinischen Vorordnung des Heils-Indikativs vor den ethischen Imperativ. Dieser Wechsel in der Begründungsstruktur ist die für das ethische Feld bedeutsame Konsequenz der Tatsache, daß die paulinische Theologie im 2. Jahrhundert – jedenfalls bis Irenäus – nur wenig Einfluß geltend machen konnte[66].

Wo, in gut protestantischer Tradition, das Denken des Paulus den theologischen Leitstern bildet, wird man als Folge dieser Paulusvergessenheit natürlich nicht zu Unrecht von einem Vergessen der Rechtfertigungslehre und von Gesetzlichkeit und Gerichtsangst sprechen. Man kann es freilich auch anders betrachten: Aus dem Blickwinkel der Geschichte der christlichen Ethik ist die starke Betonung des Gerichtsgedankens in der Motivierung der Sittlichkeit Ausdruck der unaufgebbaren und unteilbaren persönlichen Verantwortung jedes Einzelnen vor Gott[67] und insofern ein Zeichen der hohen Wertschätzung der Ethik und ihrer Bedeutung unter den Christen des 2. Jahrhunderts. In diesem Sinne äußern sich ja auch die Apologeten wie Justin oder Athenagoras, die offenbar zwischen der von ihnen mit Verve vertretenen Vernunftgemäßheit christlicher Ethik

[63] Vgl. T. Aono, Die Entwicklung des paulinischen Gerichtsgedankens bei den Apostolischen Vätern, EHS. T 137, Bern/Frankfurt/Las Vegas 1979.

[64] J. Ulrich (wie Anm. 15), 265.

[65] Mt 25, 31-46.

[66] Vgl. E. Dassmann, Der Stachel im Fleisch. Paulus in der frühchristlichen Literatur bis Irenäus, Münster 1979.

[67] Und auch vor der Gemeinschaft der Gemeinde; richtig schreibt Carl Andresen: »Die sog. ‚Moralisierung' ist Ausdruck einer kirchlichen Gesamtverantwortung des einzelnen.« C. Andresen, Die Kirchen der alten Christenheit, RM 29, 1/2, Stuttgart 1971, 89.

und ihrer Motivierung durch den Gerichtsgedanken durchaus keinen Widerspruch erkennen können. Im Gegenteil: Wenn Justin (1 apol 12) ausführt, daß die Christen das Gericht fürchten, weil sie sich der Allwissenheit Gottes bewußt sind und »... schon um dessentwillen, was ihnen bevorsteht, auf alle Weisen in Schranken bleiben...«[68], dann setzt er nicht nur auf die Zustimmung der Adressaten seiner Schrift, vielmehr klingt auch ein gewisser Stolz mit.

Christus als vollmächtiger Lehrer des Gotteswillens

Neben dem Gerichtsgedanken begegnet uns als Begründung der ethischen Forderung im 2. Jahrhundert der schlichte Verweis auf den *Christos Didaskalos*[69], die Fortführung des neutestamentlichen Nachfolgegedankens. »Wer Liebe in Christus hat, der tue die Gebote Christi.«[70] Christus als autoritativer Lehrer und Vorbild ist selbst Begründung ethischer Forderungen. Indem Christus als Normgeber verstanden wird, rückt er zum Teil an die Stelle Gottes, d.h. die Vorstellung vom Christos Didaskalos steht in Wechselwirkung mit der sich entwickelnden Christologie: Christus erweist seine Göttlichkeit gerade in seinen Forderungen. Er ist der vollmächtige Verkünder des Gotteswillens (und als solcher kann er als neuer Gesetzgeber bezeichnet werden), er ist Lehrer, aber auch Vorbild des richtigen Lebens. Tugendhaft (ἐνάρετος) ist, wer wie Christus (ὁμοίως Χριστῷ) lebt[71].

Bei Justin, aber auch bei Melito von Sardes[72], finden wir nahezu eine Identifikation von Gesetzgeber und Gesetz. Die ist aber – bei beiden Autoren – einer heilsgeschichtlichen Konzeption zu verdanken, ist also kein Ausfluß einer Ethik der Nachfolge Jesu im Sinne eines persönlichen Vorbildes.

Vernünftige Ethik

Die Identifikation von Gesetzgeber und Gesetz, Lehrer und Lehre, führt uns im Falle Justins auf ein drittes, philosophisches Element der Begrün-

[68] BKV 12, 21 (75).

[69] Vgl. F. Normann, Christos Didaskalos. Die Vorstellung von Christus als Lehrer in der christlichen Literatur des ersten und zweiten Jahrhunderts, MBTh 32, Münster 1967.

[70] 1 Clem 49, 1; 133 Lindemann/Paulsen.

[71] Just., 2 apol 1, 2; 78 Goodspeed.

[72] Vgl. U. Kühneweg, Das neue Gesetz. Christus als Gesetzgeber und Gesetz. Studien zu den Anfängen christlicher Naturrechtslehre im 2. Jahrhundert, Marburger Theologische Studien 36, Marburg 1993, 226-241.

dung der christlichen Ethik, das in der apologetischen Literatur entfaltet wird: das der Vernunftgemäßheit. Vernünftig (μετὰ λόγου[73]) leben und »nach den Weisungen Christi« leben sind für Justin geradezu Wechselbegriffe, denn die Lehren Christi, auf die er seine ethischen Ausführungen weitgehend stützt, bringen ja nur wieder ans Licht, was naturgemäß, der göttlichen Weltvernunft entsprechend ist, was in jedem Menschen auch ursprünglich, dank allgemeiner Offenbarung durch den λόγος σπερματικός angelegt, aber durch Einwirkung der widergöttlichen Dämonenmacht verdunkelt war[74].

In meiner Dissertation[75] habe ich zu zeigen versucht, daß auch die Rede vom Neuen Gesetz, das die Christen von Christus empfangen haben, in diesem Kontext als eine Frühform christlicher Naturrechtslehre zu verstehen ist und für sich genommen noch keinen Beweis für eine neue Gesetzlichkeit des Christentums im 2. Jahrhundert liefert.

Wie Justin betont auch Athenagoras in seiner »Bittschrift« die Vernunftgemäßheit christlicher Ethik[76]. Christliches Leben steht in völliger Übereinstimmung mit dem alle Welt durchwaltenden Gesetz Gottes, das die Ordnung des Kosmos garantiert[77].

Stoisch-mittelplatonischer Einfluß ist bei dieser »naturrechtlichen« Auffassung unverkennbar. Wenn nicht schon bei Paulus, dann hatte spätestens im 1. Klemensbrief die stoische Ethik ihren Einzug in die christliche Ethik gehalten, und die Übernahme der ethischen Terminologie und vieler ethischer Forderungen der Stoa prägt die weitere Entwicklung christlicher Ethik für Jahrhunderte, letztlich bis weit in die Neuzeit hinein.

Justin – wie später ähnlich auch Klemens von Alexandrien – hatte mit seiner Lehre von den verstreuten Logoskeimen die besten Köpfe des paganen Altertums – allen voran Sokrates – in kühnem Zugriff zu »anonymen Christen vor Christus« erklärt und damit als Prototypen und Zeugen des neuen Glaubens reklamiert[78]. Mit dem Erscheinen Christi, der Weltvernunft in Person, ist nun endgültig ein neues Zeitalter angebrochen, das es jedermann leicht ermöglicht, aus der Verkündigung Christi den Gotteswillen zu erkennen und so in Übereinstimmung mit der Natur zu leben. Nicht nur Philosophen, sondern auch ganz einfache,

[73] Just., 1 apol 46, 3; 58 Goodspeed.

[74] H. Wey, Die Funktionen der bösen Geister bei den griechischen Apologeten des zweiten Jahrhunderts nach Christus, Winterthur 1957.

[75] U. Kühneweg, Das neue Gesetz (wie Anm. 72).

[76] U. Kühneweg, Das neue Gesetz (wie Anm. 72), 179 – 186. Vgl. auch ders., Die griechischen Apologeten und die Ethik, VigChr 42, 1988, 112 – 120.

[77] Vgl. Athenag., leg. 10, 5.

[78] 2 apol 10, 1-8. Vgl. 1 apol. 46, 3; 2 apol 8, 1-3.

ungebildete Menschen leben als Christen diejenige Sittlichkeit, die die Philosophen zwar erstrebt, aber letztlich über ihrem Schulgezänk nicht erreicht haben. Das Christentum ist die wahre und die demokratische Philosophie, in der es keine Unterscheidung zwischen den wenigen Weisen und vielen Ungebildeten mehr gibt. Das philosophische Ideal des Weisen[79] wird »demokratisiert« und damit hinfällig: Ein wahrhaft philosophisches Leben ist in der christlichen Gemeinde jedem Menschen möglich, unabhängig von seinen Bildungsvoraussetzungen[80].

Selbstbewußter Rückzug in die bessere Welt der Gemeinde

Das Selbstbewußtsein und der Stolz, die die Argumentation der Apologeten prägen, sind nicht zuletzt begründet in dem Kontrast zwischen der in wärmsten Farben gemalten christlichen Lebensweise und der ethischen Verderbnis der paganen Umwelt. Daß dieser Kontrast von den christlichen Autoren – in paränetischer wie in apologetischer Absicht – besonders scharf betont wird, hat natürlich auch ein starkes Moment rhetorischer Übertreibung in sich, das sich in den Berichten über die Radikalität der Lebenswende bei der Konversion[81] zum Christentum fortsetzt[82].

Die Christen, die Gott auf die dritte Weise (anders und richtiger als Juden und Heiden) verehren[83], sind als das neue Gottesvolk zugleich das dritte Geschlecht, die wahre Avantgarde der Menschheit, was sich auch und besonders in ihrer Ethik zeigt. Wiederum ist es die Schrift an Diognet, die dieses Selbstbewußtsein exemplarisch auf den Punkt bringt: »Um es einfach zu sagen: Was im Körper die Seele ist, das sind in der Welt die Christen.«[84]

[79] Vgl. K. Deißner, Das Idealbild des stoischen Weisen, Greifswalder Universitätsreden 24, Greifswald 1930. P. Hadot, Wege zur Weisheit oder Was lehrt uns die antike Philosophie?, Berlin 1999, bes. 156-170.

[80] Vgl. Athenag., leg. 11, 4.

[81] Vgl. G. Bardy, La conversion au Christianisme durant les premiers siècles, Paris 1949, deutsch: Menschen werden Christen. Das Drama der Bekehrung in den ersten Jahrhunderten, hg. v. Josef Blank, Freiburg 1988.

[82] »Die Evidenz des moralischen Arguments ließ sich durch Kontrastierung steigern. Indem das Leben der Christen mit ihrem Verhalten vor der Bekehrung verglichen wurde, trat die Auswirkung des Glaubens um so stärker hervor.« M. Fiedrowicz, Apologie im frühen Christentum. Die Kontroverse um den christlichen Wahrheitsanspruch in den ersten Jahrhunderten, Paderborn [2]2001, 186.

[83] Vgl. das *Kerygma Petrou*, dazu U. Kühneweg, Das neue Gesetz (wie Anm. 72), 7-21.

[84] Diogn. 6, 1; 313 Lindemann / Paulsen.

Die Christen sind ein neues, drittes Geschlecht, das in weltweiter Zerstreuung lebt, in der Beisassenschaft (»πατρίδας οἰκοῦσιν ἰδίας, ἀλλ' ὡς πάροικοι«[85]), in der Welt, aber doch nach eigenen Regeln und Gesetzen. In der Distanz von der Umwelt bildete die einfache, neue Ethik der Liebe und wechselseitigen Solidarität einen starken Faktor der Identitätsstiftung und -sicherung. Die gegenseitige Hilfeleistung innerhalb der Gemeinde schuf einen bergenden Raum, ein Stück Heimat in der als Fremde begriffenen Welt.

Führte das christliche Ethos zu einem guten Teil zum Rückzug aus dem kulturellen Leben, so bot die Gemeinde mit ihren vielfältigen Aufgaben und sich entfaltenden Ämtern ein Stück weit einen Ersatz für das öffentliche Leben. »Das Gemeindeleben stellte... eine partielle Substitution des herkömmlichen städtischen Lebens dar. In diesem Sinne kann man von den vorkonstantinischen Gemeinden als einer Art Gegengesellschaft zur heidnischen Gesellschaft reden. Dieses umfassende Konzept von Gemeinde unterschied sie grundsätzlich von den übrigen spätantiken Kulten, die in der Regel lediglich begrenzte religiöse Bedürfnisse befriedigten.«[86]

6. Zusammenfassung und Schluss: Die Bedeutung der Ethik für die Selbstdefinition des Christlichen im 2. Jahrhundert

Die Selbstdefinition des Christentums erfolgte grundsätzlich in zwei Richtungen: Christen sind keine Heiden, sind aber auch keine Juden, sondern eine dritte, neue Größe in der Menschheit. Für diese Selbstdefinition des Christlichen erweist sich die Ethik in verschiedener Hinsicht als bedeutsam:

Obwohl die Forderungen christlicher Ethik durchweg in der Verkündigung Jesu und damit im jüdischen Denken wurzeln, nehmen die Christen in der Auseinandersetzung mit dem Judentum für sich die bessere Gerechtigkeit, die höhere Ethik in Anspruch. Die Apologeten des 2. Jahrhunderts berufen sich auf das neue Gesetz, das ohne Kult-, Reinheits- und Speisevorschriften wieder den ursprünglichen Gotteswillen in voller Klarheit zur Geltung bringt. Jesus Christus, der von Gott gesandte Lehrer, hat das von allen zeitlichen, nur auf das Judentum bezogenen Bestimmungen befreite, ewige und endgültige Gesetz gegeben[87], dem die

85 Diogn. 5, 5.
86 G. Schöllgen, Integration und Abgrenzung (wie Anm. 8), 396f.
87 Just., dial. 11,2.

Christen als das Volk des neuen Bundes, das neue, wahre Israel, nun mit ungeteiltem Herzen folgen.

Gegenüber dem Heidentum ist die christliche Ethik in der Eigenwahrnehmung der Christen wie im apologetischen Diskurs Beweis der Wahrheit ihrer Lehre und erweist im Vergleich mit dem Leben der Heiden ihre Überlegenheit. Trotzdem fällt die Beurteilung der umgebenden Gesellschaft nicht so negativ aus, daß keine Anknüpfung mehr möglich wäre[88]. Die Haltung des Rückzugs und der Distanz zur umgebenden Kultur fördert aber das Leben und den Zusammenhalt in der Gemeinde.

Gegenüber den Häresien mit ihren asketischen Tendenzen widersteht die »großkirchliche« Ethik den Versuchungen des Rigorismus und einer Mehr-Stufen-Ethik. Durch die »weiche« Entwicklung der Ethik blieb das Christentum einladend, gemeinschafts-, welt- und zukunftsfähig. Als radikale Asketenbewegung hätte es niemals die Welt erobert[89].

Die Selbstdefinition des Christlichen hatte neben der Frage des richtigen Glaubens immer auch die ganz praktische Seite der Lebensführung. An der Ethik, am konkreten Tun und Lassen, wurde deutlich, was es hieß, Christ zu sein. Im positiven Sinne Glied einer hilfreichen, schützenden Gemeinde zu sein, im negativen Sinne: sich fernzuhalten von jüdischer religiöser Praxis wie von heidnischem Laster und Götzendienst, aber auch von übertriebener Askese, wie sie Gnostiker, Markioniten und Montanisten übten. Christsein im Sinne der Zugehörigkeit zur sich herausbildenden »Großkirche« bedeutete einerseits, in negativer Abgrenzung: weder Jude noch Heide (und auch kein Häretiker) sein; positiv gesprochen: an Christus glauben und nach seinen Weisungen leben.

So steht die Ethik im direkten Zusammenhang mit der Selbstdefinition des Christlichen im 2. Jahrhundert: Das Ethos ist verbindendes Element der Christenheit und macht die Christen erkennbar durch ihr konsequentes Leben in Entsprechung und Treue zum Glauben (und in Distanz zur heidnischen Mitwelt), bis hin zur möglichen letzten Konsequenz der Bereitschaft zum Martyrium. Zugleich ist das christliche Ethos

[88] »Im Gegensatz zum Gnostizismus hat das Christentum die bürgerliche Gesellschaft niemals als ganze verurteilt oder abgelehnt; ganz im Gegenteil, die Großkirche hat sich stets ferngehalten von Auswüchsen, wie sie manchen Randströmungen apokalyptischer Prägung eigentümlich waren, die das Ende des neuen Babylon als nahe bevorstehend ankündigten oder sogar erhofften.« B. Pouderon, Die frühen Christen und die griechische Kultur (wie Anm. 47), 899.

[89] »Die Haltung einer völligen Ablehnung des Rahmens der *polis* zeigte sich nur in den Milieus der Sekten (...).« B. Pouderon, Die frühen Christen und die griechische Kultur (wie Anm. 47), 900.

aber keine abseitige Sonderethik, sondern einfach und einladend, nachvollziehbar und vernünftig.

Oder anders und kürzer gesagt: Für das Christentum des 2. Jahrhunderts ist die Ethik die *differentia specifica visibilis*; auch und gerade, indem rigoristische Maximalforderungen sich nicht durchsetzten, trug das christliche Ethos dazu bei, daß aus der kleinen jüdischen Sondergruppe der Anhängerschaft des Jesus von Nazareth die weltweite Kirche werden konnte.

Christliche Ethik in der Gesetzgebung Konstantins?

Karl Leo Noethlichs (Aachen)

»Doch soll keiner mit dem, was er aus Überzeugung für sich selbst angenommen hat, einem anderen Schaden zufügen.«[1]

Dieses Zitat aus Eusebius (V.Const. 2,60) steht im Schlussteil eines Rundschreibens Kaiser Konstantins, das er nach Erreichung der Alleinherrschaft an »alle Provinzen« gerichtet hat. Was sich hier wie eine Art ‚Toleranzerklärung' liest, hat auf den ersten Blick popularphilosophische ethische Wurzeln und erinnert auch etwas an die sog. ‚Goldene Regel'.

Berücksichtigt man aber den Textzusammenhang, ergibt sich ein ziemlich eindeutiges, wenn auch verklausuliertes Bekenntnis zum Christentum, wie der Kaiser es versteht: Es sei, so Konstantin, etwas anderes, den Kampf um das ewige Leben freiwillig aufzunehmen, oder jemanden mit Bestrafung dazu zu zwingen. Er wolle klar seinen Glauben an die Wahrheit offenbaren, zumal einige Leute behaupten, das Heidentum sei bereits beseitigt. Und dies entspreche genau seinem Wunsch, dass eben alle Christen würden. Das jedenfalls klingt nun nicht mehr nach Toleranz, sondern hat die Christianisierung des gesamten Reiches zum Ziel! Insofern ist es tatsächlich ein, wenn auch indirektes, Zeugnis christlicher Ethik, weil der Textzusammenhang dem Missionsgedanken verpflichtet bleibt.

Es ist nun zu fragen: Bleibt dieses Bemühen Konstantins um das Christentum auf solche Rundschreiben beschränkt, die bezeichnenderweise an alle Reichsbewohner gerichtet waren und deshalb bereits, falls echt, ein Zeugnis für offizielle christliche Ethik sind, oder gibt es Ähnliches in der Gesetzgebung im engeren Sinne? Spuren solcher christlichen Propaganda in den Gesetzen könnten dann auch ein Kriterium für die Echtheit etwa des o. g. Schreibens sein. Wie also steht es damit?

Zunächst muss noch einmal Eusebius zitiert werden, geht er doch gerade auch auf diese Frage ein, die er an konkreten Beispielen glaubt belegen zu können. So heißt es in der Vita Constantini 4,26, der Kaiser sei ein Erneuerer alter Gesetze gewesen, aber nicht, ohne diese so umzugestalten, wie es

[1] πλὴν ἕκαστος ὅπερ πείσας ἑαυτὸν ἀναδέδεκται, τούτῳ τὸν ἕτερον μὴ καταβλαπτέτω: Eus, v.C. 2, 60 (GCS Eusebius 1/1, 72, 7 f.)

die Frömmigkeit verlangte! Als Beispiel dient ihm die Abschaffung von Strafen für Ehe- und Kinderlosigkeit und die Aufhebung von Formvorschriften für Testamente. Ich komme darauf zurück.

Zuvor gilt es zu klären, was man als »christliche Ethik« ansehen könnte. Da gibt es zunächst individuelle Verhaltensweisen, die typisch für den Christen sind[2]: Tauftreue: Sie äußert sich in wahrer Nächstenliebe und geht bis zum Martyrium, das ab dem 4.Jh. durch Jungfräulichkeit und Askese ersetzt wird; Gebet als ständiger Kontakt zu Gott; Fasten: vorwiegend mittwochs und freitags, um sich vom jüdischen Fasten (montags und donnerstags) abzusetzen; Feindesliebe, Demut, die Übereinstimmung von Gedanke und Tat, Ordnung, wozu auch pünktliche Steuerzahlung gehört, Aufrichtigkeit, Barmherzigkeit, Hilfsbereitschaft, Almosen geben, Sorge insbesondere für Arme, Witwen und Waisen, Enthaltung von übertriebener Körperpflege und von Vergnügungen aller Art wie Tanz, Theater und anderen Schauspielen sowie gewisse Vorbehalte gegen heidnische Literatur und Wissenschaft[3]. Daneben sind es Fragen der Ehe und Familie und der Sexualität überhaupt, die im Lichte des Christentums von besonderem Gewicht sind: Ich nenne schlagwortartig die Problemfelder: Mischehen, Kindererzeugung, Kindesaussetzung und Kindestötung, Jungfrauenschaft, sexuelle Enthaltsamkeit, ferner das Verhältnis zu den Sklaven, überhaupt eine strenge Sittlichkeit, die sogar die Fehler des Nachbarn als eigenes Versagen hinstellt, wenn wir Clemens von Alexandria folgen (strom. 7,13,82), und ein allgemeines Bewusstsein von Gottesfurcht, von Sünde und Vergebung[4].

Daraus ergibt sich auch ein Kanon bestimmter Berufe, die der Christ nicht oder nicht mehr ausüben sollte. Nach der Traditio Apostolica Hippolyts (Kap. 16) sind es Bordellbesitzer, Bildhauer und Maler von Götterbildern, Schauspieler, heidnische Lehrer, außer, wenn sie keinen anderen Beruf haben (ein bemerkenswertes Zugeständnis!), Wagenlenker, Wettkämpfer, Gladiatoren, Lehrer von Gladiatoren und Ausrichter von Gladiatorenspielen, Tierkämpfer, Götzenpriester, Wächter von Götzenbildern,

[2] Dazu insgesamt Kap. 24 bei K. Baus, Von der Urgemeinde zur frühchristlichen Großkirche, in: H. Jedin (Hg.), Handbuch der Kirchengeschichte, Bd. I, Freiburg u.a. 1965, 327-360.

[3] Zur Caritas vgl. Cypr. ep. 3,3; Tertull. apol. 41; Clem.Alex., paed. 3,11.97; Didasc. 2,4,3; mäßiger Reichtum (wegen Almosen): Didache 12,2-5; 46; Vorbehalte gegen heidnische Literatur usw.: Orig. c. Cels. 3,81; 6,7.14; 3.39; Hippol. ref. 1, prooem; 10,5.34; Min. Felix, Oct. 23,1; 38,5; 20,1-2.

[4] Ehe: Eph. 5,32; 1Kor 7,10-16; Mischehen: 1Petr 3,15f.; Ign. Eph. 10,2; Kindesaussetzung und -tötung: Didache 2,2; Sklaven: Did. 4,10; Kol 4,1; 1Tim 6,1.

die Dirne, der Homosexuelle, derjenige, der sich selbst verstümmelt hat, ein Magier, Zauberer, Sterndeuter und Wahrsager aller Art, ein ‚Münzrandabschneider' (‚psellistés', ein offenbar einträgliches Geschäft, das wohl meist eine Art Münzfälschung bedeutete), Hersteller von Amuletten, Konkubinen, ein Mann, der eine Konkubine hat, und Soldaten: Sie dürfen den Befehl zum Töten nicht ausführen und dürfen keinen Eid leisten, müssen aber ihre Tätigkeit insgesamt nicht aufgeben, im Gegensatz zu Katechumenen oder Gläubigen, die erst in die Armee eintreten wollen. Sie können als Mitglied der christlichen Gemeinde überhaupt nicht Soldat werden. Beamten mit *ius gladii* oder hohen Reichs- und Stadtmagistraten ist der Eintritt in die christliche Gemeinde unmöglich.

Gibt es in der erhaltenen konstantinischen Gesetzgebung deutliche Hinweise oder auch nur vage Anhaltspunkte für den Versuch, solche Grundsätze in Gesetzen zu formulieren und ihnen zur Geltung zu verhelfen? Bevor darauf eine Antwort versucht werden soll, seien zuvor einige kurze Bemerkungen über das Verhältnis Konstantins zum bisherigen Recht erlaubt. Der allgemeine Befund ist ambivalent: Konstantin sieht sich einerseits als Vertreter und Wahrer des alten Rechts, der alten Ordnung[5]. Seinem Gegner Licinius z.B. wirft er Verstöße gegen das traditionelle Recht vor. Auf der anderen Seite gilt er als Neuerer und sieht sich auch selbst so. Bestimmte Dinge passen nicht zu seiner Zeit, so wie es auch Trajan schon in seinem Christenbrief formulierte, und nach Konstantin noch öfters formuliert werden wird.

Zu diesen Neuerungen gehört auch die lebhafte Aufforderung, Verstöße seiner Beamten und seiner Freunde ihm direkt zu melden, wenn etwas *non integre atque iuste gessisse videatur*. Das in Codex Theodosianus 9,1,4 v.J. 325 vorliegende Gesetz fällt in seiner Diktion aus dem Rahmen aller übrigen Gesetze Konstantins. Es endet mit der Anrufung der *summa divinitas,* die den Kaiser und den Staat wohl erhalten möge. Ist diese »höchste Gottheit« der Christengott? Dazu und zum allgemeinen christlichen Rahmen konstantinischer Gesetzgebung sind einige methodische Vorbemerkungen nötig:

Die in den Gesetzessammlungen des Codex Theodosianus und Codex Justinianus erhaltenen Rechtsbestimmungen sind bekanntlich Auszüge aus größeren Gesetzen. Sie wurden von den Kompilatoren auf die eigentliche Rechtsaussage komprimiert, und dies beim Justinianus noch mehr als beim Theodosianus. Bei der Frage nach ‚christlicher Ethik' geht man nun am besten von vollständig erhaltenen Gesetzen aus, weil wir hier den

[5] CTh 9,7,1; 16,10,1; CJ 4,62,4.

Gesamtrahmen einer Gesetzesbestimmung greifen können. So lässt sich überprüfen, ob in der konstantinischen Gesetzgebung überhaupt ethische Elemente vorkommen, und, falls die rechtliche Kernaussage in eine der Gesetzessammlungen aufgenommen wurde, wie die Kompilatoren gearbeitet, d.h. konkret: was sie gestrichen haben.

Es gibt nun in der Tat einige vollständig erhaltene Gesetze Konstantins, wenn auch sehr wenige: so etwa in den Fragmenta Vaticana, die für unsere Fragestellung allerdings leider nichts hergeben, oder wenige inschriftlich tradierte Erlasse: So das ‚Edictum Constantini de accusationibus'[6]. Daraus erfahren wir immerhin, dass die in Codex Theodosianus 9,5,1 unkommentiert verhängte Kreuzigungsstrafe für Sklaven und Freigelassene der Abschreckung dienen sollte.

Besser sieht es da mit den sogenannten *Constitutiones Sirmondianae* aus. Diese 16 vollständig erhaltenen Verfügungen christlicher Kaiser haben ihren Namen von Jacques Sirmond, der sie 1631 veröffentlichte. Ihre Herkunft bleibt allerdings ungeklärt[7]. Die Nrn. 1 und 4 stammen von Konstantin. *Sirmondiana* 4 hat den Vorteil, dass aus ihr (oder ihrer Vorlage, falls es sich um ein Merowingisches Produkt handelt, vgl. Anm. 6) zwei gesetzliche Bestimmungen in den Theodosianus übernommen wurden, nämlich 16,8,5 und 16,9,1, beide das Judentum betreffend. Sie eignen sich also für einen Vergleich mit der vollständigen Version, und mit ihnen möchte ich beginnen:

Ich zitiere zunächst die Verfügung 16,8,5, die aus einem ziemlich nüchternen Satz besteht:

»(post alia): *Eum, qui ex Iudaeo Christianus factus est, inquietare Iudaeos non liceat vel aliqua pulsare iniuria, pro qualitate commissi istiusmodi contumelia punienda.* (et cetera)«

»Wer von einem Juden zum Christen wurde, den dürfen die Juden nicht belästigen oder ihm irgendein Unrecht zufügen, wobei die Schande je nach der Qualität des dieserart Begangenen zu bestrafen ist.«

Dieselbe Stelle lautet im Original bzw. in der vollständigen Textausgabe wie folgt:

»*Illud etenim hac eadem sanctione praecipimus, ut, si quispiam Iudaeorum reserans sibi ianuam vitae perpetuae sanctis se cultibus mancipaverit et Christianus esse delegerit, ne quid a Iudaeis inquietudinis vel molestiae patiatur.*«

[6] Bruns, *Fontes Iuris Romani Antiqui*[7], Nr. 94, 266f.

[7] Dazu vgl. Mark Vessey, The Origins of the *Collectio Sirmondiana*: a new look at the evidence, in: J. Harries / I. Wood (Hg.), The Theodosian Code. Studies in the Imperial Law of Late Antiquity, London 1993, 178-199.

»Durch ebendiese Verfügung bestimmen wir ferner auch, dass ein Jude, der sich die Tür zum ewigen Leben öffnet, indem er sich dem heiligen Kult angeschlossen und sich entschieden hat, Christ zu sein, dieser keine Anfeindungen und Belästigungen seitens der Juden erdulden soll.«

Diese eindeutig christliche Passage haben die Kompilatoren gestrichen. Der folgende Text ist im Unterschied zu Codex Theodosianus 16,8,5 etwas verändert:

»*Quod si ex Iudaeo Christianum factum aliquis Iudaeorum iniuria putaverit esse pulsandum, volumus istiusmodi contumeliae machinatorem pro criminis qualitate commissi poenis ultricibus subiugari* ...«.

»Wenn aber einer der Juden jemandem, der vom Judentum zum Christentum übergetreten ist, ein Unrecht glaubt zufügen zu müssen, so ist es unser Wille, dass der Anstifter einer solchen Schändlichkeit entsprechend der Schwere seines begangenen Verbrechens den rächenden Strafen unterworfen werde...«.

Bei Codex Theodosianus 16,9,1 sind die Unterschiede nicht so groß. Es geht um das Beschneidungsverbot an christlichen oder anderen nichtjüdischen Sklaven. Immerhin erfahren wir aus der Constitutio Sirmondiana 4, dass Konstantin hier ein bereits erlassenes Gesetz wiederholt.

Wir müssen also immer mit Streichungen rechnen, besonders bei nicht zum eigentlichen Rechtsgehalt gehörendem Beiwerk, also auch bei Begründungen ethischer Art. Um es vorweg zu sagen: Es ist Vorsicht geboten, gerade angesichts des Befundes, dass es in den erhaltenen Gesetzesfragmenten der beiden Codices außerhalb der Religionspolitik eigentlich *kein einziges Zeugnis für eine eindeutig christliche Ethik* gibt! Ich komme darauf zurück.

Ein weiteres mutmaßliches Kriterium für christliche Ethik ist die Begrifflichkeit. Besonders bei einigen Römischrechtlern wie Pringsheim oder Stühff[8] wird darauf verwiesen, dass sich ab Konstantin die Terminologie ändert, die ein Ausdruck gewandelten Denkens sein soll. Es sind vor allem die Begriffe *aequitas, iustitia* und *humanitas,* die für den neuen Geist stehen sollen. Insbesondere die *aequitas* wird jetzt ein angeblich aus dem Christentum übernommenes ‚Programmwort', das in vorkonstantinischer Zeit nur selten vorkommt. Als Beleg möge Codex Justinianus 3,1,8 v.J. 314 genügen. Hier heißt es:

»*Placuit in omnibus rebus praecipuam esse iustitiae aequitatisque quam stricti iuris rationem*«,

[8] Gudrun Stühff, Vulgarrecht im Kaiserrecht unter besonderer Berücksichtigung der Gesetzgebung Konstantins des Großen, Weimar 1966, bes. 92-103.

also im Deutschen etwa: »Man soll in allen Dingen vornehmlich Gerechtigkeit und Billigkeit mehr berücksichtigen als das strenge formale Recht, das *ius strictum.*«

Nun sind aber solche allgemeinen Grundsätze in den meisten Fällen von den Kompilatoren aus dem Zusammenhang gerissen worden und standen ursprünglich in einem sehr konkreten Kontext. So wissen wir im vorliegenden Fall, dass zu Codex Justinianus 3,1,8 auch 7,22,3 gehörte, wo es heißt:

»Solam temporis longinquitatem, etiamsi sexaginta annorum curricula excesserunt, libertatis iura minime mutilare oportere congruit aequitati«,

das heißt etwa: »Es entspricht der Billigkeit *(aequitas),* dass, auch wenn mehr als 60 Jahre vergangen sind, es nicht sein kann, dass allein die Länge der Zeit auch nur im Mindesten die Rechte der Freiheit außer Kraft setzen kann.«

Es ging also ursprünglich um Fragen der Verjährung, woraus der allgemeine Grundsatz abgeleitet wurde. Dieser gilt dann für die Zeit Justinians, aber wir haben es mit Konstantin zu tun, weshalb ich dieses Problem einer neuen und angeblich christlichen Terminologie hier ausklammern möchte[9].

Fragen wir nun konkret nach christlicher Ethik in Konstantins Gesetzgebung: Unstrittig gibt es ein neues, großes Feld der Gesetzgebung, das für unsere Fragestellung äußerst ergiebig ist: die Religionsgesetzgebung, die es in dieser Form bisher nicht gab.

Hier beginne ich mit der Förderung des christlichen Klerus, insbesondere der Bischöfe. Konstantin führt die *audientia episcopalis* ein, den bischöflichen Gerichtshof in Zivilsachen als Konkurrenz zur weltlichen Rechtsprechung. Neben Codex Theodosianus 1,27,1 mit einer unsicheren Datierung, vielleicht 318, ist uns in Constitutio Sirmondiana 1 v.J. 333 ein kompletter Erlass des Kaisers erhalten, der sich auf Codex Theodosianus 1,27,1 rückbezieht und der im lateinischen Original und in deutscher Übersetzung hier vorgestellt sei, um den unbezweifelbar christlichen Rahmen zu verdeutlichen:

»Imperator Constantinus A(ugustus) ad Ablabium P(raefectum) P(raetori)o:

Satis mirati sumus gravitatem tuam, quae plena iustitiae ac probae religionis est, clementiam nostram sciscitari voluisse, quid de sententiis episcoporum

[9] Skeptisch auch P. Silli, Mito e realtà dell »aequitas christiana«. Contributo alla determinazione del concetto di 'aequitas' negli atti degli 'scrinia' costantiniani, Mailand 1980; vgl. dazu K.L. Noethlichs, Gnomon 57, 1985, 297-299; Y. Rivière, Constantin, le crime et le christianisme: Contribution à l'étude des lois des mœurs de l'antiquité tardive: Ant. Tard. 10, 2002, 327-361, bes. 331f.

vel ante moderatio nostra censuerit vel nunc servari cupiamus, Ablabi, parens karissime atque amantissime. Itaque quia a nobis instrui voluisti, olim promulgatae legis ordinem salubri rursus imperio propagamus. Sanximus namque, sicut edicti nostri forma declarat, sententias episcoporum quolibet genere latas sine aliqua aetatis discretione inviolatas semper incorruptasque servari. Scilicet ut pro sanctis semper ac venerabilibus habeantur, quidquid episcoporum fuerit sententia terminatum. Sive itaque inter minores sive inter maiores ab episcopis fuerit iudicatum, apud vos, qui iudiciorum summam tenetis, et apud ceteros omnes iudices ad exsecutionem volumus pertinere. Quicumque itaque litem habens, sive possessor sive petitor vel inter initia litis vel decursis temporum curriculis, sive cum negotium peroratur, sive cum iam coeperit promi sententia, iudicium elegerit sacrosanctae legis antistitis, ilico sine aliqua dubitatione, etiamsi alia pars refragatur, ad episcopum personae litigantium dirigantur.

Multa enim, quae in iudicio captiosa praescriptionis vincula promi non patiuntur, investigat et publicat sacrosanctae religionis auctoritas. Omnes itaque causae, quae vel praetorio iure vel civili tractantur, episcoporum sententiis terminatae perpetuo stabilitatis iure firmentur, nec liceat ulterius retractari negotium, quod episcoporum sententia deciderit. Testimonium etiam ab uno licet episcopo perhibitum omnis iudex indubitanter accipiat nec alius audiatur testis, cum testimonium episcopi a qualibet parte fuerit repromissum. Illud est enim veritatis auctoritate firmatum, illud incorruptum, quod a sacrosancto homine conscientia mentis inlibatae protulerit. Hoc nos edicto salubri aliquando censuimus, hoc perpetua lege firmamus, malitiosa litium semina conprimentes, ut miseri homines longis ac paene perpetuis actionum laqueis implicati ab improbis petitionibus vel a cupiditate praepostera maturo fine discedant. …«

im Deutschen etwa:

»Wir sind hinreichend verwundert, dass deine Erhabenheit, die voll von Gerechtigkeit und voll der rechten Religion ist, von unserer Milde hat wissen wollen, wie unsere Mäßigung die Urteilssprüche der Bischöfe sowohl vorher eingeschätzt hat als auch was wir jetzt zu beobachten wünschen, mein über alles geschätzter väterlicher Freund Ablabius. Weil du von uns informiert werden wolltest, so verkünden wir die Bestimmungen des einst erlassenen Gesetzes durch heilbringenden Befehl erneut: Wir haben nämlich verfügt, wie der Wortlaut unseres Ediktes zeigt, dass die Entscheidungen *(sententiae)* der Bischöfe, auf welche Art auch immer sie ergangen sind, unverletzt und unverändert bewahrt werden, ohne Berücksichtigung des Alters (des Prozesses), das heißt: dass immer für heilig und verehrungswürdig gehalten werden soll, was durch den Spruch der

Bischöfe zu Ende gebracht worden ist. Wenn deshalb von den Bischöfen ein Urteil gesprochen wird, sei es unter Minderjährigen, sei es unter Erwachsenen, so soll es, dies ist unser Wille, von Euch, die ihr die höchste richterliche Kompetenz habt, und von allen übrigen Richtern vollstreckt werden. Wenn deshalb jemand, der einen Prozess führt, sei es als Beklagter oder als Kläger, entweder zu Beginn des Prozesses oder nach Verstreichen einer gewissen Zeit oder zu Beginn der letzten Plädoyers oder wenn der Richter gerade dabei ist, ein Urteil zu sprechen, für sich das Gericht des Vorstehers des Heiligen Gesetzes (d.i. des Bischofs) wählt, sollen die Prozessparteien sofort ohne irgendeinen Zweifel vor den Bischof gebracht werden, auch wenn der andere Teil (d.h. der andere Prozessteilnehmer) Widerstand leistet[10]. Denn vieles, was vor einem weltlichen Gericht die hinderlichen Fesseln der Prozessordnung *(praescriptio)* nicht offenbar werden lassen, spürt die Autorität der heiligen Religion auf und bringt es an die Öffentlichkeit. Deshalb sollen Prozesse, die sich auf das prätorische oder Zivilrecht beziehen und die durch den Spruch der Bischöfe beendet wurden, als ewig gültig bekräftigt werden, noch soll es einer Seite erlaubt sein, den Fall neu zu verhandeln, den der Urteilsspruch der Bischöfe entschieden hat. Auch soll das Zeugnis, abgelegt von nur einem einzigen Bischof, jeder Richter unverzüglich akzeptieren und kein weiterer Zeuge soll gehört werden, wenn das Zeugnis eines Bischofs von einer der Prozessparteien zum Beweis abgegeben wurde. Denn jenes ist durch die Autorität der Wahrheit bekräftigt und unverdorben, was das Gewissen eines reinen Geistes durch einen heiligen Mann ausgesprochen hat. Dies haben wir seiner Zeit durch heilbringendes Edikt verfügt, dies bekräftigen wir durch ewig gültiges Gesetz, indem wir die unheilbringende Saat der Prozesse unterdrücken, damit elende Menschen, verstrickt in die langen und fast ewigen Fesseln der Prozesse, den Unrecht schaffenden Forderungen oder fehlgeleiteten Begierden durch ein baldiges Ende (der Prozesse) entrinnen mögen.«

Den letzten Teil über das Zeugnisrecht der Bischöfe kann man nur hinreichend würdigen, wenn man weiß, dass seit Konstantin immer mindestens zwei Zeugen nötig waren, auch z.B. bei Senatoren[11], um ein glaubwürdiges Zeugnis ablegen zu können[12]. Es muss aber, bei allem

[10] Hier gibt es einen Unterschied zu CTh 1,27,1 v.J 318, wo beide Parteien zustimmen müssen. Entweder handelt es sich um einen Schreibfehler, etwa statt »etiamsi« vielleicht »et nisi«, oder der Kaiser hat im Laufe der Zeit weitere Zugeständnisse an die Christen gemacht.

[11] CTh 11,39,3; CJ 4,20,9.

[12] Vgl. J. Vogt, Zur Frage des christlichen Einflusses auf die Gesetzgebung Konstantins des Großen, in: Festschr. L. Wenger, Bd. 2, München 1945, 145. Für Vogt ist gerade

christlichen Rahmen, auch betont werden, dass die Begründung am Schluss nichts mit Religion zu tun hat, sondern lediglich auf die zeitliche Verkürzung der Prozesse aus ist.

Die weiteren Maßnahmen zugunsten des christlichen Klerus und der christlichen Kirche seien stichwortartig genannt: Immunität der Geistlichkeit, entsprechend den anderen Kultfunktionären (CTh 16,2,2.7). Allerdings wirkte sich diese Maßnahme ungünstig auf die Steuereinnahmen aus, weshalb ab 320 nur noch Arme Kleriker sein sollten (CTh 16,2,3.6).

Die *manumissio in ecclesia,* also die Sklavenfreilassung vor Bischof und Gemeinde *in ecclesiae gremio,* d.h. wahrscheinlich wohl im Kirchengebäude, könnte aber auch ‚Gemeinde' als Personenverband meinen[13]; für Kleriker gilt ein noch einfacheres Verfahren, indem sie ohne Zeugen jederzeit und formlos, mündlich wie testamentarisch, ihre Sklaven freilassen können (vgl. Anm. 12).

Die Kirchen werden berechtigt, Legate oder Testamente zu empfangen, die jeder ihnen vermachen kann (CTh 16,2,4).

Ein eigenes Feld stellen die Maßnahmen gegen Heiden, Juden und Häretiker dar, die ihrerseits dazu geeignet sind, christliche, d.h. orthodoxe Ethik durchzusetzen (CTh 16,2,5; 16,8,1.9,1). Denn nur die Orthodoxen sollten in den Genuss bestimmter Privilegien kommen (CTh 16,5,1).

Schwieriger sind Verordnungen einzuordnen, die nicht zur Religionspolitik im engeren Sinn gehören. Schon oben habe ich behauptet, dass es außerhalb der Religionspolitik eigentlich überhaupt keine gesetzlichen Bestimmungen in den Codices gibt, die absolut zweifelsfrei eine spezifisch christliche Ethik widerspiegeln. In der Forschung wird das z.T. durchaus anders gesehen. Ich nenne nur aus der deutschsprachigen Literatur den älteren Aufsatz von Joseph Vogt[14], den Beitrag von Hermann Dörries zum Selbstverständnis Konstantins 1954[15], Klaus Girardet mit seiner Untersuchung über die ‚Konstantinische Wende'[16] und Frank

das Bestehen auf zwei Zeugen eine Übernahme christlicher Vorstellungen ins weltliche Recht. Anders als Vogt gründet sich dieser jüdisch-christliche Rechtsgrundsatz aber auf Mt 26,60; Nm 35,30 und Dt 17,6 (und nicht auf Mt 18,6 und Dt 19,5).

13 CTh 4,7,1 v.J. 321 = CJ 1,13,1.2.

14 J. Vogt (wie Anm. 12), 118-148.

15 H. Dörries, Das Selbstzeugnis Kaiser Konstantins, Göttingen 1954.

16 K. M. Girardet, Die Konstantinische Wende und ihre Bedeutung für das Reich. Althistor. Überlegungen zu den geistigen Grundlagen der Religionspolitik Konstantins d. Gr., in: E. Mühlenberg (Hg.), Die konstantinische Wende, Gütersloh 1998, 9-122.

Kolbs Untersuchungen zur Herrscherideologie in der Spätantike[17]. Es handelt sich aber m.E. immer nur um gewisse Wahrscheinlichkeiten christlicher Gesinnung und Ethik, und letzte Deutlichkeit und Klarheit bleiben durchaus fraglich[18]. Konkret geht es um folgende kaiserliche Verordnungen:

Codex Theodosianus 8,16,1 v.J. 320 stellt Unverheiratete und Kinderlose den Verheirateten mit Kindern gleich. Männer und Frauen können jetzt Schenkungen, Legate und Erbschaften in unbegrenzter Höhe empfangen. Nur Schenkungen unter Eheleuten selbst bleiben verboten, da sie meist auf Betrug *(fallaces blanditiae)* beruhen. Sozomenos geht in seiner Kirchengeschichte 1,9 gerade auf diese Verfügung ein und nennt als Motivation des Kaisers, diejenigen, die um Gottes Willen unverheiratet und kinderlos bleiben wollen, den anderen gleichzustellen. Allerdings bringt er auch als Argument, dass Konstantin an eine natürliche Regulierung der Geburten glaubte, während die Kaiser vor ihm die Geburtenraten durch Gesetz anheben wollten.

Die Einführung des ‚Sonntages' (CTh 2,8,1; CJ 3,12,2) gilt allgemein als christlich intendiert. In den Städten soll die Arbeit ruhen, nur *emancipatio* und *manumissio* sind erlaubt. Auf dem Lande, wo man sich nach dem Wetter richten muss, darf man aber durchaus arbeiten. Auffällig ist allerdings die Bezeichnung *dies solis,* wozu es unter Valentinian II. in Codex Theodosianus 2,8,18 v.J. 386 heißt: *Solis die, quem dominicum rite dixere maiores.* Es gab also schon vorher die Bezeichnung »Herrentag« auch im Lateinischen, aber Konstantin verwendet sie nicht.

Das Verbot, zu Gladiatorenspielen oder zum Bergwerk Verurteilte im Gesicht zu brandmarken (CTh 9,40,2 v.J. 315/6)[19], das nach dem Vorbild göttlicher Schönheit gebildet sei, so Konstantin, wird von vielen Autoren als staatliche Übernahme des christlichen und besonders alttestamentarischen Menschenbildes interpretiert. Man könnte sich dem sicherlich anschließen, zumal sich bei Lactanz ähnliche Stellen finden. Danach unterscheidet sich der Mensch schon durch seinen aufrechten Gang von den Tieren und durch sein Antlitz, das emporgerichtet das Weltall betrachtet, mit Gott den Blick tauscht, und wo Vernunft die Vernunft erkennt[20].

[17] F. Kolb, Herrscherideologie in der Spätantike, Berlin 2001.

[18] In diesem Sinne auch die in Anm. 9 genannte Studie von Yann Rivière.

[19] In CJ 9,47,17 ist die Verurteilung *ad ludum* gestrichen.

[20] Lact. de ira 7: *recto statu, ore sublimi ad contemplationem mundi excitatus, confert cum deo vultum, et rationem ratio cognoscit*; vgl. auch ders. inst. 7,5,6.

Aber würde man darin dann nicht eine allgemeine größere Humanität bei Konstantin erwarten? Dagegen sprechen aber die z.T. drastischen Strafen, z.B. des Säckens (d.h. Einnähen in einen Sack mit Schlangen und anschließendes Ertränken), die unterschiedlichen Verstümmelungen in bestimmten Fällen, das Verbrennen und das Gießen von Blei in den Mund bei Mittäterschaft zum Jungfrauenraub[21], so dass die Folgerung wäre, bei Konstantin nur gelegentlich, nicht aber allgemein eine neue Form von *humanitas* feststellen zu können. Hierzu passt auch die Charakterisierung der konstantinischen Gesetzgebung durch den ‚Heiden' Eutrop, der lapidar formuliert (10,8,1): »Der Kaiser gab viele Gesetze, von denen manche gut und billig, die meisten überflüssig, einige hart waren« *(multas leges rogavit, quasdam ex bono et aequo, plerasque superfluas, nonnullas severas...*).

In diesem Zusammenhang muss auch das Verbot der Kreuzigung behandelt werden. Auf den ersten Blick ist es sicherlich einleuchtend, die Todesart, die Jesus erlitten hatte, zu verbieten, wenn da nicht gewisse Bedenken wären, ob dies das Motiv war: Zum einen kommt dieses Verbot nicht in den erhaltenen Gesetzen, sondern nur bei Aurelius Victor (caes. 41,4) und Sozomenos (1,8,13) vor[22]. Zum anderen kann es allenfalls in die Spätzeit Konstantins gehören, da noch, wie oben erwähnt, in Codex Theodosianus 9,5,1 v.J. 320 diese Strafe für Sklaven und Freigelassene verhängt wird[23], oder das Verbot bezog sich nur auf bestimmte Schichten.

Dasselbe gilt auch für die Abschaffung der Gladiatorenspiele *in otio civili et domestica quiete* (CTh 15,12,1; CJ 11,44,1 v.J. 325), was übrigens, im Gegensatz etwa zu Vogt[24], m.E. nicht heißt, dass sie in Kriegszeiten weiterhin erlaubt gewesen seien, sondern dass der Kaiser seine Zeit generell als Friedenszeit apostrophiert. Hier scheint also auf den ersten Blick ein totales Verbot vorzuliegen. Abgesehen von den Vorbehalten z.B. auch eines Seneca gegen solche Spiele (ep. 95,33), was aber kein Argument gegen christliche Ethik wäre, wird diese Strafe in Codex Theodosianus 9,18,1 v.J. 315 für Freigeborene verhängt, während Sklaven

[21] Z.B. CTh 9,15,1 v.J. 318; 9,24,1 v.J. 320. Zur Brutalität konstantinischer Bestrafung zuletzt Y. Rivière (Anm. 9), 332f. mit weiterer Literatur in Anm. 22.

[22] Zur unterschiedlichen Terminologie für ‚Kreuz' (staurós, furca, patibulum, crux) vgl. Mommsen, RStrR 918-921; Rivière (Anm. 9), 352f., Anm. 134. Gemeint ist im Grunde jeweils dasselbe.

[23] Man hat auch erwogen (so T. Barnes oder S. Corcoran), das Gesetz Licinius zuzuschreiben, vgl. Rivière (Anm. 9), 358f.

[24] Vogt (wie Anm. 12), 144.

und Freigelassene den wilden Tieren vorgeworfen werden. Dies sollte ausdrücklich eine Verschärfung der bisherigen Bestrafung sein, die in der Verurteilung zum Bergwerk bestand. Bei genauerer Analyse der in Codex Theodosianus 15,12 (De Gladiatoribus) erhaltenen drei Gesetzesexzerpte wird klar, dass es sich in 15,12,1 um verurteilte Verbrecher handelt, die lieber im Bergwerk ihre Strafe verbüßen sollten als im Theater, in 15,12,2 und 3 aber um berufsmäßige Gladiatoren, denen bestimmte Beschränkungen auferlegt werden. Erst die in Codex Justinianus 11,44,1 vorliegende Form bedeutet ein generelles Verbot von Gladiatorenspielen[25].

Gelten Grundsätze der christlichen Ethik für die Behandlung von Gefangenen in Codex Theodosianus 9,3,1 v.J. 320? Diese sollten nicht allzu sehr leiden, nicht in zu enge Ketten gespannt, oft ans Tageslicht geführt und nicht durch das Gefängnispersonal gequält werden. Hier könnten tatsächlich christliche oder zumindest allgemein humane Motive im Spiel sein.

Gewisse Bestimmungen erschwerten die Scheidung: Codex Theodosianus 3,16,1 v.J. 331 beschränkt sie beim Manne auf *homicida* (Mörder), *medicamentarius* (Giftmischer) und *sepulchrorum dissolutor* (Grabschänder), bei der Frau auf *moecha* (Ehebrecherin), *medicamentaria* (Giftmischerin) und *conciliatrix* (Kupplerin). Es bleibt aber festzuhalten, dass nach christlicher Ethik eine Scheidung überhaupt unmöglich ist, während nach staatlichem Gesetz z.B. eine Scheidung im beiderseitigen Einvernehmen bis zu Justinian immer erlaubt war. Hier gingen Staat und Kirche prinzipiell getrennte Wege, aber eine gewisse Annäherung unter christlichem Vorzeichen wäre denkbar.

Das Verbot des Konkubinats für Männer bei einer bestehenden Ehe wird in Codex Justinianus 5,26,1 v.J. 326 ausgesprochen. Schon Joseph Vogt, der diese Maßnahme für »eindeutig christlich« hielt, verwies gleichzeitig auf Seneca, ep. 94,26, wo der Konkubinat ebenfalls verurteilt wird[26]. Hierauf nimmt später auch Kaiser Zeno mit Codex Justinianus 5,27,5 Bezug, wo die Maßnahme allerdings deutlich in einen christlichen Kontext gestellt wird, wenn es von Konstantin heißt: *qui veneranda Christianorum fide Romanum munivit imperium.*

Die Rückgabe von Märtyrergräbern an die entsprechenden Kirchen und das Verbot, das Kaiserbild in heidnischen Tempeln aufzustellen, klingen zwar sehr christlich, finden sich aber nur bei Eusebius (V.Const. 2,40; 4,16) und nicht in den erhaltenen Gesetzen. Ähnlich ist es mit der

[25] In diesem Sinn auch Y. Rivière (Anm. 9), 355-358.

[26] Vogt (wie Anm. 12), 136; hier auch ein Hinweis auf Lactanz, div. inst. 6,23,23-25.

Zerstörung gewisser Tempel, von denen Eusebius (V.Const. 3,54-58) berichtet. Bei all diesen handelte es sich aber um anrüchige Praktiken der Tempelprostitution, die auch außerhalb des Christentums verurteilt wurden und wo verschiedene Denkansätze zu ähnlichen oder gleichen Ergebnissen kamen[27].

Weitere, angeblich oder tatsächlich christlich beeinflusste Verfügungen sind folgende: Das Verbot der privaten Haruspizin (CTh 9,16,1.2 v.J. 319). Da solche Zukunftsdeutung geheimen Verschwörungen Vorschub leisten konnte, wurde sie aus politischen Gründen verboten. Ein christliches Element vermag ich hier umso weniger zu sehen, als die offizielle Haruspizin mit Codex Theodosianus 16,10,1 v.J. 320/1 weiterhin erlaubt blieb.

Ferner geht es um die Behandlung von Sklaven: Wenn in Codex Theodosianus 9,12,1 v.J. 319 und 9,12,2 v.J. 326 den Herrn nur in gewissen grausamen Fällen ein Verschulden am Tode eines Sklaven trifft, wird dies mit der Rohheit unmenschlicher Barbaren (*saevitia immanium barbarorum*) begründet, der unausgesprochen die *Romanitas* gegenübersteht. Darf man letztere hier schon mit *Christianitas* gleichsetzen? Im Übrigen war bereits im Jahr 208 durch Septimius Severus mit Codex Justinianus 2,11,10 jemand als *infamis* erklärt worden, der wegen einer *iniuria* verurteilt worden war, die er einem Sklaven zugefügt hatte.

Vielfach wird das Verbot, Sklavenfamilien bei Erbteilung zu trennen (CTh 2,25,1, vielleicht v.J. 334), als christlich angesehen. In diesem Erlass, der ursprünglich nur für Sardinien galt, spielt aber m.E. hauptsächlich die Arbeitsmoral dieser Sklaven eine Rolle, von der das Steueraufkommen abhing[28]. Christliche Argumente mögen hinzugekommen sein.

Zum Thema Kindesaussetzung und Kindesverkauf finden sich folgende Regelungen: Nach Codex Theodosianus 11,27,1 v.J. 315, ursprünglich nur für Italien gültig, ist Kindesaussetzung nicht verboten, es werden aber staatliche Hilfen angeboten, die die Eltern vom Kindermord abhalten sollen. Eine Begründung, die man ursprünglich sicher vermuten darf, ist gestrichen. In Codex Theodosianus 11,27,2 v.J. 322, ursprünglich nur auf Africa bezogen, ging es um den Verkauf oder die Verpfändung von Kindern. Hier sollen ebenfalls staatliche Zuschüsse solche Akte verhindern. Die Begründung lautet: *Abhorret enim nostris*

27 Vgl. dazu nur F. Vittinghoff, Eusebius als Verfasser der Vita Constantini: Rhein. Museum 96, 1953, 330-373.

28 So auch F. Vittinghoff in Vittinghoff (Hg.), Handbuch der europäischen Wirtschafts- und Sozialgeschichte I, Stuttgart 1990, 323.

moribus, ut quemquam fame confici vel ad indignum facinus prorumpere concedamus, d.h.: es steht in einem erschreckenden Gegensatz zur Moral des Kaisers, jemanden wegen Hungers zu solch einer Tat zu verleiten. Leider werden diese *mores* nicht weiter erläutert, es könnten aber christliche sein. Bei Zosimos (2,38) findet sich übrigens eine gehässige Begründung für diese Missstände: Durch die neue Steuerpolitik Konstantins seien Mütter gezwungen gewesen, ihre Kinder zu verkaufen, und Väter hätten durch Prostitution ihrer Töchter das Geld für die Steuer sich zu beschaffen versucht. Dieselben Themen behandelt im Übrigen auch Lactanz (div. inst. 6,20,21-25). Allerdings findet sich bei ihm eine eindeutig christliche Begründung: Gott ist es, der den Kindern die Seele einhaucht, und zwar zum Leben. Wer es ihnen nimmt, macht sich schuldig; und dabei ist es nicht weniger schlimm, Kinder auszusetzen als direkt zu töten. Wer zu arm ist, Kinder zu ernähren, sollte sich nach Lactanz der Ehe enthalten.

In diesen Zusammenhang gehört auch der Verwandtenmord (CTh 9,15,1 v.J. 318), der ja Kindermord einschließt. Für eine solche Tat reichen die herkömmlichen Strafen wie Schwert oder Feuer nicht aus, sondern der Delinquent wird in einen Sack zusammen mit Schlangen eingenäht und dann im Meer oder im nächsten Fluss ertränkt. Dies dürfte wohl kaum ein Ausdruck christlicher Ethik sein.

Es bleiben die verschiedenen Maßnahmen Konstantins zum Schutz der Schwachen und weniger Privilegierten in der Gesellschaft. Auch hier fehlen entweder die Begründungen, sind also wohl gestrichen worden, oder sie erscheinen, falls vorhanden, kaum christlich. So verbietet Codex Theodosianus 2,30,1 v.J. 315 bei verschuldeten Bauern, die Ackersklaven oder die Ochsen zu pfänden. Das erklärt sich aber m.E. aus dem Vorrang der Steuer, die nur bei weiterer Arbeitsmöglichkeit des Schuldners erwirtschaftet werden kann. In Codex Theodosianus 1,22,1 v.J. 316 wird den Behörden untersagt, eine *materfamilias,* die in ihrem eigenen Hause wohnt, mit Gewalt vor Gericht zu bringen. Erhellend ist die Begründung: Bei Schulden kann man sich an deren Haus halten. Auch hier sehe ich im erhaltenen Text wenig Christliches.

Eher christlich bedingt ist Codex Theodosianus 1,22,2 v.J. 334 zum Schutz von Witwen, Waisen, Kranken und Schwachen. Sie sollen nicht gezwungen werden, wegen eines Prozesses die Grenzen ihrer Provinz zu verlassen. Wenn sie aber vor das Kaisergericht wollen, z.B. wenn sie die *potentia* jemandes fürchten, sollen auch ihre Gegner gezwungen werden, vor dem Kaisergericht zu erscheinen. Allerdings ist der Schutz der Schwachen seit je Bestandteil der Herrscherideologie, kommt also in verschiedenen Denkmustern und Umfeldern vor.

Kaum christlich motiviert ist die Straffreiheit für Witwen, auf deren Grundstück Falschmünzerei betrieben wurde (CTh 9,21,4 v.J. 329), sofern sie davon nichts gewusst haben. Dieselbe Straffreiheit gilt für unmündige Waisen, weil sie den Vorgang überhaupt noch nicht verstehen können, so die Begründung. Es geht um die Unschuldsvermutung, nicht um Christentum.

Zu den Bestimmungen, die die Stellung der Frau generell heben sollten, gehören Codex Theodosianus 3,5,4 und 5 v.J. 332. Darin verfügte Konstantin, dass eine Verlobte, deren Verlobter sie nach zwei Jahren aus Säumigkeit oder Nachlässigkeit nicht geheiratet hat, einen anderen zum Manne nehmen kann, ohne dabei irgendeinen Schaden zu haben. Solche heiratsstiftenden Regelungen könnten christlich motiviert sein, um etwa den Zustand der sexuellen Versuchung abzumildern bzw. zu verkürzen. Skeptisch wird man allerdings bei einem Erlass wie Codex Theodosianus 9,7,1 v.J. 326. Hier geht es um die Frage, wer in einer Kneipe der Unzucht angeklagt werden kann: die *domina tabernae* und / oder die *ministra,* die Bedienung, die den Wein ausschenkt. Konstantin entscheidet, dass nur die Besitzerin angeklagt werden kann, während die Sklavin wegen der Nichtigkeit ihres Lebens (der *vilitas vitae)* nicht der Würde der Gesetze teilhaftig wird, also auch in dieser Hinsicht nicht straffällig werden kann. Hier zeigt der Kaiser ein Zwei-Klassen-Recht unter den Frauen auf, was kaum mit der christlichen Ethik übereinstimmen dürfte, die sich immer besonders der Ärmsten der Armen angenommen hat, auch wenn solche Personen, wie wir oben sahen, selbst nicht Christ werden konnten, ohne ihr Gewerbe aufzugeben.

Soweit also die Gesetze, die in der Forschung als christlich inspiriert betrachtet werden. Was ergibt sich daraus für die Frage nach der christlichen Ethik in Konstantins Gesetzgebung? In den im engeren Sinn religionspolitischen Maßnahmen Konstantins findet sich ein klares Bekenntnis zum ‚orthodoxen' Christentum, so wie der Kaiser es verstand. In den übrigen Kaisergesetzen lässt sich dagegen kaum rein Christliches in der überlieferten Textform finden. Hier ergibt sich zumindest auf den ersten Blick ein eher negatives Bild.

Allerdings: *Constitutio Sirmondiana* 1 und 4 zeigen aber, dass der allgemeine Rahmen dieser beiden Gesetze doch ungewöhnlich christlich war: Wir haben es zumindest in diesen beiden Fällen bei Konstantin offenbar nicht mit dem vorsichtigen und kalkulierenden Politiker zu tun, der keiner Gesinnungsrichtung auf die Füße treten wollte, sondern der Kaiser hat sein Christentum ganz klar vertreten. Schade nur, dass die wenigen komplett erhaltenen Erlasse alle aus dem engeren Bereich der

Religionspolitik stammen. Aber gerade dort, wo wir die Probe aufs Exempel machen können, lässt sich nicht ohne weiteres vom Exzerpt der Kompilatoren des Codex Theodosianus auf das Original schließen.

Kann man diesen Befund verallgemeinern? Und wenn ja, gilt diese Verallgemeinerung nur für die Religionspolitik im engeren Sinne, oder kann man sich vorstellen, dass dort, wo es überhaupt um ethische Begründungen ging, der Kaiser ähnlich reagierte?

Ich möchte diese Frage mit aller Vorsicht bejahen, und mich dabei auf eine bestimmte literarische Überlieferung stützen, die, von der zeitgenössischen eines Eusebius abgesehen, allerdings mehr als 100 Jahre später verfasst wurde. Es handelt sich um Sozomenos. Er behauptet in seiner Kirchengeschichte 1,8-9, dass Konstantin sich am intensivsten gerade in der Gesetzgebung bemüht habe, »das Göttliche zu verehren«. Er, Konstantin, habe sich als der von Gott Erwählte verstanden, das Christentum von England bis in den Osten auszubreiten. Als Maßnahmen der Christianisierung zählt Sozomenos dann u.a. auf:

Die Besetzung von Schlüsselpositionen mit Christen, Verbot heidnischer Gottesverehrung, der Divinisation, der Weihung von Statuen und der Feier sog. ‚griechischer Feste', Abschaffung der Gladiatorenspiele, der Prostitution von Jungfrauen vor der Ehe, wie es in bestimmten Gebieten Brauch war, Förderung des Kirchenbaus und Einbettung des gesamten Militärwesens in einen christlichen Rahmen, Feier des Herrn-Tages, weil, so die Begründung, Christus an diesem Tag von den Toten auferstand, Abschaffung der Kreuzigung, dagegen besondere Verehrung des Kreuzes, auch auf Münzen und Bildern. Wörtlich heißt es weiter: »Es erscheint mir nötig, die zur Ehre und zur Einrichtung der Gottesverehrung erlassenen Gesetze außer dem schon Genannten aufzuzählen, da sie einen (bestimmten) Teil der Kirchengeschichte ausmachen«, und wenig später ist von »unzähligen christlichen Gesetzen« die Rede. Konkret genannt werden das Verbot illegaler Geschlechtsverbindungen, Maßnahmen gegen Jungfrauenraub, Abschaffung der Benachteiligung Unverheirateter und Kinderloser, vorzeitiges Testamentsrecht für gottgeweihte Jungfrauen nach dem Vorbild der Vestalischen Jungfrauen, das Bischofsgericht und die *manumissio in ecclesia* mit den Sondervorschriften für Kleriker.

Dies ist sicher eine christliche Verklärung im Abstand von ca. 100 Jahren, aber nicht nur! Einen Teil dieser Maßnahmen mag Sozomenos von Eusebius abgeschrieben haben. Nun nimmt es Euseb bekanntlich mit der Wahrheit im strengen Sinne in der *Vita Constantini* nicht immer so genau. Hier ähnelt seine Argumentation sehr derjenigen der beiden letzten Bücher (IX und X) seiner Kirchengeschichte: Er übertreibt, indem er anhand von offenbar echten Originaldokumenten die Entwicklung der nächsten Generationen quasi vorwegnimmt. Aber immerhin wird aus dem eusebianischen Bericht jenseits aller Übertreibungen doch eine intensive Zusammenarbeit zwischen Konstantin und der Kirche beschrieben. Wenn dabei auch die Aktivitäten auf Seiten des Kaisers lagen, wird man diese Zusammenarbeit aber grundsätzlich kaum bestreiten können. Zum anderen spricht nichts gegen die Kenntnis der konstantinischen Originalgesetze bei Sozomenos, insbesondere da, wo es keine eusebianischen Vorlagen gab, so z.B. bei der Verchristlichung des Militärs und in Teilen des Privatrechts. Diese Originalgesetze Konstantins machten aus ihrer christlichen Ethik offenbar keinen Hehl. Dabei geht es nicht um die Alternative ‚christlich' oder ‚nicht-christlich', d.h. stoisch, platonisch oder popularphilosophisch, sondern um die Frage einer ‚ethischen' oder einer anderen Begründung, etwa wirtschaftlich oder praktisch, z.B. Zeitersparnis u.ä. Wenn aber ethisch, so war es für Konstantin immer die christliche Ethik oder das, was er dafür hielt.

Es ist kein Gegenargument gegen diese ‚christliche' Ethik, wenn gleiche oder ähnliche Grundsätze auch schon vorher und von anderen vertreten wurden. Wir haben ja von Origenes (c. Cels. 1,4) gehört, dass Gott allen Menschen ursprünglich ein gemeinsames Sittengesetz gegeben habe.

Damit ergäbe sich auch eine gewisse Stütze für die Echtheit der so christlich anmutenden Dokumente, die Eusebius in seiner Biographie Konstantins bewahrt hat. Sie haben wohl tatsächlich so existiert.

Schließlich eine letzte Bemerkung: Wir dürfen uns Konstantin nicht als einen einheitlichen Charakter vorstellen. Handlungen der Milde – der Kaiser bezeichnet sich selbst ja als *clementia nostra* - stehen neben brutalen, sicher nicht christlichen, ohne sich gegenseitig auszuschließen. Insbesondere viele Strafmaßnahmen erscheinen uns heute unmenschlich; für Konstantin waren sie aber mit Grundsätzen christlicher Ethik offenbar durchaus vereinbar. Es ist schon bezeichnend, wenn ein heidnischer Autor wie Aurelius Victor (caes. 41,4f.) Konstantin mit dem Epitheton »pius« versieht, weil er die altertümliche und grausame Strafe der Kreuzigungund das Zerbrechen der Schenkel als erster abgeschafft habe. »Deswegen«, so heißt es wörtlich weiter, »wurde er als neuer Stadtgründer *(conditor)* oder als Gott *(deus)* geehrt«. Dem stehen allerdings die schon genannten harten Gesetze entgegen, die der ebenfalls heidnische Eutrop erwähnt.In der *Origo Constantini,* dem ersten Teil der sog. *Excerpta Valesiana,* heißt es in §34, dass Konstantin die heidnischen Tempel schließen ließ, ohne einen Menschen dabei zu töten. Das wäre ein schöner Ausdruck wohl auch christlicher Ethik im Urteil eines heidnischen Verfassers, wenn diese Stelle nicht durch einen späteren Redaktor aus der christlichen Weltgeschichte des Orosius (7,28,28f.) interpoliert wäre.

Berücksichtigt man die zeitliche Verteilung solcher Gesetze, die im Zusammenhang mit christlicher Ethik diskutiert werden, so fällt auf, dass sie mehrheitlich in der Frühzeit Konstantins erlassen sind. Der Kaiser hat also, nach der Datierung dieser Edikte, mutmaßlich von Anfang an, etwa ab 313/4, christliche Grundsätze vertreten und durchzusetzen versucht.

Vieles, was vielleicht etwas voreilig als der christlichen Ethik verpflichtet angesehen wird, lässt sich auch anders erklären, vieles kann auch aus mehreren Quellen gespeist sein. Anderes,was allzu nüchtern daherkommt, hatte vielleicht einen sehr christlichen Rahmen. Die Kompilatoren der Codices haben, wie gesagt, nachweislich solche Passagen gestrichen, weil solche Begründungen für die eigentliche Rechtsaussage und den Zweck der Sammlung überflüssig bzw. mittlerweile selbstverständlich waren. Der christlichen Zeit fehlt also der christliche Rahmen der Gesetzesexzerpte, aber wohl nicht der Originalgesetze.

Ich stimme prinzipiell mit denen überein, die Christliches bei Konstantin auch da vermuten, wo es heute nicht mehr zu greifen ist, – nur: die genauen Stellen, an denen dies im Originaltext der Fall war, möchte ich doch lieber offen lassen.

Die patristische Ethik der ὁμοίωσις θεῷ und die Mimesislehre René Girards

Perspektiven der Aneignung einer theologisch-philosophischen Tradition

JOHANNES ZACHHUBER (Oxford)

Dass die Angleichung an Gott das Endziel menschlichen Strebens sei, ist ein ethischer Grundsatz, den viele Kirchenväter mit ihren nichtchristlichen, antiken Zeitgenossen teilten. So lesen wir bei Origenes:

> Das höchste Gut, zu dem die Vernunftwesen insgesamt streben, und das auch das Ziel (*finis*) von allem heißt, wird von vielen Philosophen folgendermaßen definiert: das höchste Gut sei, Gott ähnlich zu werden, soweit es möglich ist. Aber dies ist, wie ich glaube, weniger von ihnen selbst erfunden als aus den heiligen Büchern übernommen[1].

Lassen wir das Dependenzmotiv auf sich beruhen[2]! In jedem Fall handelt es sich bei der sachlichen Konvergenz zwischen philosophischer Tradition und christlicher Ethik um einen der eindrucksvollsten Fälle der Aneignung allgemein anerkannter Prinzipien durch die Theologen der Alten Kirche. Und wo wäre eine solche Konvergenz auch angebrachter als im Bereich der Ethik, in dem – damals wie heute – Christen und Nichtchristen vor demselben Forum um die besseren Argumente kämpften?

Spätestens seit der Reformation ist derselbe Grundsatz freilich auch scharf und fundamental kritisiert worden. Er gilt evangelischen Theologen als unrettbar mit dem Gedanken der Werkgerechtigkeit verbunden.

[1] *Igitur summum bonum, ad quod natura rationabilis universa festinat, qui etiam finis omnium dicitur, a quam plurimis etiam philosophorum hoc modo terminatur, quia summum bonum sit, prout possibile est, similem fieri deo*: Or., princ. III 6,1 (GCS Origenes V, 280,2-6 Koetschau). Übersetzung: H. Görgemanns/H. Karpp (Hgg.), Origenes. Vier Bücher von den Prinzipien, TzF 24, Darmstadt [3]1992, 643. Wenn nicht anders angegeben, sind Übersetzungen im Folgenden vom Vf.
Der vorliegende Text verdankt viel den kritischen Rückfragen der Teilnehmer der Tagung der Patristischen AG im Januar 2003 sowie Gesprächen mit Michael Weichenhan und Ruth Huppert. Er hätte nicht geschrieben werden können ohne die jahrelange, anregende Zusammenarbeit mit Till Hüttenberger, dem der Verfasser grundlegende Einsichten (nicht nur) in das Denken Girards verdankt.

[2] D. Ridings, The Attic Moses. The dependency theme in some early Christian writers, Göteborg 1995.

Maßgebliche neuzeitliche Anthropologien befinden im Übrigen, die einem solchen Telos gemäße Handlungsart der Nachahmung (*mimesis*) sei eine gegenüber der originär kreativen und spontanen Aktion minderwertige. Man richtet seine Aufmerksamkeit daher auf die Bedingung der Möglichkeit freien, also spontanen Handelns als Ausdruck des wahren Charakters des autonomen Individuums.

Angesichts dieser Ausgangslage kann es nicht ohne Interesse sein, dass der Anthropologe und Kulturwissenschaftler René Girard pointiert das Recht der Lehre von der *Imitatio Christi* verteidigt. In seiner seit mehreren Jahrzehnten vorgetragenen Fundamentalanthropologie spielt dieser Grundsatz christlichen Handelns ausgesprochen oder unausgesprochen eine Schlüsselrolle. Dabei setzt Girard bewusst ein solches Verständnis von Mimesis voraus, das zu der neuzeitlichen Kritik maßgeblich beigetragen hat. Es hat den Anschein, als könne durch dieses Verfahren den theologischen, philosophischen, anthropologischen und psychologischen Kritikern der Homoiosisethik gewissermaßen der Wind aus den Segeln genommen werden.

Ist das der Fall? Das zu klären, sollen die folgenden Überlegungen ein Beitrag sein. Sie stehen damit letztlich in einem noch weiteren Horizont. Denn es muss am Ende darum gehen, zu entscheiden, ob und, wenn ja, in welcher Weise die Ethik der Alten Kirche für uns heute noch hilfreich sein, wie sie angeeignet werden kann. Eine vorläufige Antwort auf diese Frage wird am Ende des Beitrags versucht werden.

Aus diesen Bemerkungen ergibt sich die Gliederung des Folgenden. An den Versuch einer systematischen Rekonstruktion der patristischen Homoiosislehre vor ihrem philosophischen Hintergrund (1) schließt sich die Darstellung von Hauptpunkten der reformatorischen und neuzeitlichen Kritik (2). Beides bildet den Hintergrund für die Entwicklung des girardschen Lösungsansatzes, dessen Leistungsfähigkeit gleichzeitig kritisch diskutiert wird (3). Daraus ergeben sich die systematischen Schlussfolgerungen (4).

1. Die patristische Ethik der ὁμοίωσις θεῷ

Die patristische Lehre von der ὁμοίωσις θεῷ als dem höchsten zu erstrebenden Gut ist mit dem Begriff Ethik nur teilweise erfasst. Gott ähnlich zu werden ist ja überhaupt das höchste Ziel des menschlichen Lebens und Strebens, der menschlichen Seligkeit[3], und den Vätern ist selbstverständlich,

[3] Vgl. Gr. Nyss., Pss. titt. I 1 (GNO 5,26,10 f. Mc. Donough): ὅρος ἐστὶ τῆς ἀνθρωπίνης μακαριότητος ἡ πρὸς τὸ θεῖον ὁμοίωσις.

dass es dafür nicht nur ethischer, sondern auch religiöser Mittel bedarf. Die Homoiosislehre umfasst Aspekte der Soteriologie, das Thema greift tief in die Gnadenlehre ein, und auch die Eschatologie ist nicht unberührt. Wenn wir also nach der patristischen Homoiosisethik fragen, dann stellen wir mit Bedacht eine Frage an die Väter, die ihre Voraussetzung in Entwicklungen viel neueren Datums hat, sofern sie eine klare Trennung zwischen Soteriologie und theologischer Ethik voraussetzt.

Die hier vorgenommene Eingrenzung lässt sich trotzdem rechtfertigen. Und zwar zum einen als eine methodisch sinnvolle Beschränkung der Fragestellung hinsichtlich der antiken Autoren, deren Aussageintention so auf das ethische Moment fokussiert wird. Zum anderen aber auch – wie sich im Fortgang zeigen wird – mit Blick auf die heutige Aneignung, die – das sei als These vorweggeschickt – wesentlich daran hängt, das ethische Element der Homoiosislehre möglichst rein aus seinen Zusammenhängen herauszulösen und so die Homoiosislehre als eine Homoiosis*ethik* zu rezipieren.

Die patristische Homoiosislehre wird hier also als eine Ethik systematisch rekonstruiert, wobei ihr nichtchristlicher, philosophischer Hintergrund ständig im Blick bleibt. Nicht beabsichtigt ist dagegen ihre historisch-genetische Rekonstruktion. Deren Grundzüge sind seit der gründlichen Studie von Hubert Merki aus dem Jahr 1952 im Prinzip bekannt[4] und werden hier vorausgesetzt: der Ursprung der Tradition bei Platon[5], ihre Anreicherung durch stoische Elemente[6], deren Rezeption bei Philon[7], im Neuplatonismus[8] und – parallel dazu – in der Alten Kirche, wobei insbesondere Clemens Alexandrinus[9], Origenes[10] und Gregor von Nyssa eine wesentliche Rolle zukam. Der im Folgenden unternommene Versuch der Darstellung des systematischen Zusammenhangs dieser Lehre wird im Wesentlichen auf ihre Gestalt bei Plotin einerseits und Gregor von Nyssa andererseits Bezug nehmen, deren Beitrag als exemplarisch für die Homoiosislehre in der Spätantike betrachtet wird, ohne dass damit die Implikation verbunden wäre, dass diese Exponenten

[4] H. Merki, ὁμοίωσις θεῷ. Von der platonischen Angleichung an Gott zur Gottähnlichkeit bei Gregor von Nyssa, Freiburg (Schweiz) 1952.

[5] A.a.O., 1-7.

[6] A.a.O., 7-17 (die Darstellung steht freilich im Zeichen des ‚Pan-Poseidonionismus').

[7] A.a.O., 35-44.

[8] A.a.O., 17-35.

[9] A.a.O., 44-60; vgl. D. Wyrwa, Die christliche Platonaneignung in den Stromateis des Clemens von Alexandrien, AKG 53, Berlin/New York 1983, 173-189.

[10] ὁμοίωσις θεῷ, 60-64.

in jeder Hinsicht mit möglichen anderen Bezugsautoren übereinstimmen.

Was also zeichnet die Homoiosislehre als eine Ethik aus? Dazu sieben Beobachtungen:

1. Zunächst einmal scheint klar, dass es sich um eine teleologisch konzipierte Güterethik handelt, um einen Ethiktyp also, dessen Struktur sich letztlich nach einem erstrebten Zielzustand richtet, einem höchsten Gut, das durch sittliches Handeln, durch Selbstvervollkommnung, erreicht werden soll. Paradigmatisch ausgedrückt ist dieser Grundsatz in dem anfangs zitierten Originaltext, in dem explizit von *bonum* und *finis* die Rede ist. Entsprechend heißt es auch bei Gregor:

> Das Ziel des tugendhaften Lebens ist die Angleichung an das Göttliche[11].

Dieser teleologische Charakter hängt unmittelbar mit einer zweiten Grundentscheidung zusammen:

2. Eine solche Ethik ruht auf einem anthropologischen Fundament. Denn das Telos der Angleichung an Gott kann nur deshalb als ein selbst nicht mehr hinterfragbares Ziel menschlichen Handelns verstanden werden, weil als sicher gilt, dass der Mensch in einem solchen Ziel zu seinem wahren Selbst findet. Hinter der Homoiosislehre (der philosophischen wie der theologischen wohlgemerkt) steht das delphische »Werde, der du bist«. Dieses wahre Selbst ist für den Platoniker der intelligible Ursprung der menschlichen Seele, für den christlichen Theologen begründet in der Schöpfung des Menschen nach dem Bild Gottes.

Dieser Zusammenhang ist dort am deutlichsten, wo, wie bei Gregor von Nyssa, das Telos explizit mit dem Ursprung identisch ist (Gregor unterscheidet bekanntlich nicht zwischen εἰκών und ὁμοίωσις[12]), ist aber auch dort im Prinzip gegeben, wo – wie bei Irenaeus[13] oder Origenes[14] – die eschatologische Homoiosis als Ergänzung und Vervollkommnung der protologischen Gottesebenbildlichkeit konzipiert ist. Denn – um bei

[11] τέλος τοῦ κατ' ἀρετὴν βίου ἐστὶν ἡ πρὸς τὸ θεῖον ὁμοίωσις: Gr. Nyss., beat. VIII (GNO 7/2, 82,24 f. Callahan).

[12] Cf. z.B. H.U. von Balthasar, Presence und Thought. An Essay on the Religious Philosophy of Gregory of Nyssa, San Francisco 1995 (frz. Originalausgabe: Paris 1942), 117-119. Anders allerdings R. Leÿs, L'image de dieu chez Grégoire de Nysse. Esquisse d'une doctrine, Brüssel 1951, 116-119.

[13] Iren., haer. V 16,2 (SC 153, 216 Rousseau/Doutreleau).

[14] Or., princ. III 6,1 (280,7-17 K.).

Origenes zu bleiben – es heißt dort zwar, der Mensch solle sich die Ähnlichkeit (*similitudo*) »durch eigenen Eifer [...] durch Nachahmung Gottes (*ex dei imitatione*) erwerben«, doch dies ist nur möglich, weil ihm »am Anfang« (*in initiis*) die Fähigkeit zur Vervollkommnung mitgegeben worden war.

3. Nicht anders aber, als es das delphische Wort ja selbst suggeriert, bedeutet für den Menschen zu seinem wahren Selbst zu kommen, gleichzeitig bestimmte Aspekte des empirischen Menschen zu negieren und abzulegen. »Werde, der du bist« enthält die paradoxe Aussage, man sei noch nicht – oder jedenfalls noch nicht gänzlich – der man *eigentlich* ist. Ganz so fordert auch das ethische Telos der ὁμοίωσις θεῷ die Verwirklichung des wahren Selbst des Menschen auf der Grundlage der Einsicht, dass der empirische Mensch jenem wahren Selbst mitnichten gleich, ihm vielmehr in entscheidender Hinsicht unähnlich sei. Die Homoiosislehre setzt also die fundamentale Erfahrung eines Widerspruchs zwischen dem Menschen, wie er sein sollte, und dem Menschen, wie er ist, voraus. Diese Differenz ist für den Platoniker begründet im Leib-Seele Dualismus, für den Theologen in der Dualität von Schöpfung und Fall. Wiederum sind Belegstellen beinahe beliebig angesichts der Omnipräsenz einschlägiger Aussagen. Man denke nur an die rhetorischen Fragen zu Beginn der berühmten *Enneade* V 1:

> Was hat denn dazu geführt, dass die Seelen Gott, den Vater vergessen und weder ihn noch sich mehr kennen, obgleich sie doch Teile sind, die von ihm her kommen und ganz zu ihm gehören[15]?

Ganz ähnlich fragt Gregor im 16. Kapitel von *De hominis opificio*:

> Was ist nun mit dem Gedanken vom Bild? Vielleicht sagst du: Wie ähnelt das Unkörperliche dem Körper? Wie dem Ewigen das Zeitliche? Dem Unwandelbaren das durch Veränderung Wandelbare? Dem Leidenslosen und Unvergänglichen das Leidbehaftete und Vergängliche? Dem von allem Schlechten Freien das jenem immerfort Beiwohnende und Zugehörige? Denn vieles unterscheidet das gemäß dem Archetypen Gedachte von dem nach dem Bild Gewordenen[16].

[15] Τί ποτε ἄρα ἐστὶ τὸ πεποιηκὸς τὰς ψυχὰς πατρὸς θεοῦ ἐπιλαθέσθαι, καὶ μοίρας ἐκεῖθεν οὔσας καὶ ὅλως ἐκείνου ἀγνοῆσαι καὶ ἑαυτὰς καὶ ἐκεῖνον: Plot., V. 1,1-4.

[16] πῶς ὡμοίωται τῷ σώματι τὸ ἀσώματον; πῶς τῷ ἀϊδίῳ τὸ πρόσκαιρον; τῷ ἀναλλοιώτῳ τὸ διὰ τροπῆς ἀλλοιούμενον; τῷ ἀπαθεῖ τε καὶ ἀφθάρτῳ τὸ ἐμπαθὲς καὶ φθειρόμενον; τῷ ἀμιγεῖ πάσης κακίας τὸ πάντοτε συνοικοῦν ταύτῃ καὶ συντρεφόμενον; Πολὺ γὰρ τὸ μέσον ἐστὶ, τοῦ τε κατὰ τὸ ἀρχέτυπον νοουμένου, καὶ τοῦ κατ᾽εἰκόνα γεγενημένου: Gr. Nyss., hom. opif. 16 (PG 44, 180 B).

Und in *De virginitate* 12 heißt es entsprechend:

> Dies Lebewesen, der Mensch, hatte nicht von Natur und nicht als Teil seines Wesens bei der ersten Schöpfung das Leidbehaftete und das Sterbliche in sich. Vom ‚Bild' hätte nie die Rede sein können, wenn die Schönheit des Bildes der des Archetypen entgegengesetzt wäre[17].

4. Diese Kluft wird nun allerdings nicht für unüberwindlich gehalten. Vielmehr geht es der Homoiosislehre ja gerade darum, den empirischen Menschen jenem Ideal anzunähern. Wir entdecken hier eine zweite anthropologische Grundannahme, die systematisch in der Homoiosislehre enthalten ist. Der Mensch wird als Bildner seiner selbst verstanden. Auch hier gibt es zwischen der philosophischen Homoiosislehre und ihrer patristischen Fortsetzung keine grundsätzliche Uneinigkeit. Es ist kein Zufall, dass die ethische Metapher von den Bildhauern, die Steine an ihre lebenden Vorbilder angleichen, zu den ersten gehört, die bei den Kirchenvätern die Plotinlektüre verrät[18]. Den Grundsatz des Selbstbildens teilen beide; er ist ein Grundbaustein der Homoiosislehre. Man darf hier freilich nicht übersehen, dass dieses Bilden (ganz im Sinne der klassischen Teleologie) etwas freilegt, was eigentlich schon da ist und zur Verwirklichung drängt. Der Stein ‚ist' potentiell eine Statue, und dementsprechend ist es die Arbeit der Bildhauer, das wegzunehmen, was zu viel an ihm ist (noch Michelangelo äußerte sich bekanntlich in diesem Sinn[19]). Ebenso ist es auch zu verstehen, wenn beispielsweise Origenes davon spricht, der Mensch solle »durch eigenes Wirken« (*per operum expletionem*) die vollkommene Ähnlichkeit selbst vollenden[20]: er tut dies, indem

[17] τοῦτο οὖν τὸ ζῷον, ὁ ἄνθρωπος, οὐ κατὰ φύσιν οὐδὲ συνουσιωμένον ἔσχεν ἐν ἑαυτῷ τὴν πρώτην γένεσιν τὸ παθητικόν τε καὶ ἐπίκηρον. οὐδὲ γὰρ ἦν δυνατὸν τὸν τῆς εἰκόνος διασωθῆναι λόγον, εἰ ὑπεναντίως εἶχε τὸ ἀπεικονισμένον κάλλος πρὸς τὸ ἀρχέτυπον: virg. 12 (GNO 8/1, 298,3-8 Jaeger). Dass gerade Gregor in dieser anthropologischen Frage große Unausgewogenheiten zeigt, ist immer wieder bemerkt worden: vgl. B. Otis, Cappadocian Thought as a Coherent System, in: DOP 12 (1958), 97-124, bes. 109 f.; 113.

[18] Plot., I 6,9. Vgl. z.B. Gr. Nyss., Pss. titt., II 11 (GNO 5, 115,25-116,26 McD.) und Merki, ὁμοίωσις θεῷ (Anm. 4), 113 f.

[19] Die popularisierte Version, nach der Michelangelo über seinen David gesagt hat, er habe nur das weggenommen, was an dem Stein zu viel war, geht offenbar zurück auf sein Sonett 151, dessen Anfang lautet: Non ha l'ottimo artista alcun concetto / ch'un marmo solo in sé non circonscriva / col suo superchio, e solo a quello arriva / la man che ubbidisce all'intelletto. In: Rime e lettere di Michelangelo, hg. P. Mastrocola, Turin 1992, 196 f.

[20] Or., princ. III 6,1 (GCS 280, 16 K.).

er zu sich selbst findet, sein (von Gott geschaffenes) Selbst zur ursprünglich angelegten Vollendung bringt. In diesem Zusammenhang wird bei den Vätern auch (in einer für die weitere theologische und philosophische Entwicklung höchst einflussreichen Weise) der Begriff der Willensfreiheit gebraucht. Gregor formuliert pointiert:

> Es liegt in der freien Willenswahl der Menschen, sich selbst frei dasjenige zuzuteilen, was sie wollen, das Gute oder das Böse[21].

5. Wie aber kommen Menschen dazu, sich an diese Arbeit zu machen? Warum bleiben sie nicht einfach was und wie sie sind, sondern unterziehen sich der Mühe einer solchen Angleichung? Hier ist zunächst einmal darauf zu verweisen, dass dieser Ethik ein rationaler Grundzug zu Eigen ist. Sie lebt von dem und in dem Glauben, dass Einsicht hier einiges bewirkt. Man mag solche Einsicht humaner Aufklärung zuschreiben, einer Offenbarung oder auch mystischer Schau, der gedachte Effekt ist in allen diesen Fällen ähnlich: Dadurch, dass Menschen davon erfahren, wie es um sie steht, dass ihnen die Differenz ihres jetzigen Zustandes von ihrem eigentlichen und wahren Selbst vor Augen geführt wird, erwacht in ihnen gewissermaßen von selbst ein Drang sich zu ändern und dem Ideal ähnlicher zu werden. Diese Grundstruktur bestimmt zahlreiche Enneaden Plotins. Am Anfang von *Enneade* V 1 stellt er sich der Frage, wie mit Menschen umzugehen sei, die sich von ihrem wahren Selbst abgewandt haben. Deren Defizit wird in einem Mangel an Wissen gesehen, das dementsprechend durch Informationen zu beheben sei:

> Es gibt daher notwendig eine zweifache Redeweise für die, die in diesem Zustand sind, wenn man sie zum Gegenteil und zu dem, was primär ist, bekehrt und sie hinaufführt zum Höchsten, dem Einen und Ersten. Was sind nun die beiden? Die eine zeigt die Verachtlichkeit dessen, was jetzt von der Seele geschätzt wird […]. Die andere lehrt und erinnert die Seele, indem sie ihr zeigt, von welcher Art und Würde sie ist[22].

Für die patristische Homoiosislehre spielt hier die Inkarnation eine wichtige Rolle. *Eine* Deutung des fleischgewordenen Gottes ist immer die, dass den Menschen auf diese Weise das Urbild der sündlosen und gottgleichen

[21] ὡς ἐν τῇ προαιρέσει τῶν ἀνθρώπων εἶναι τὸ ἑαυτοῖς νέμειν κατ᾽ ἐξουσίαν ἃ βούλονται, εἴτε τὸ ἀγαθὸν εἴτε τὸ φαῦλον: Pss., titt. I 7 (GNO 5, 46,27-47,1 McD.).

[22] Διὸ δεῖ διττὸν γίγνεσθαι τὸν λόγον πρὸς τοὺς οὕτω διακειμένους, εἴπερ τις ἐπιστρέψει αὐτοὺς εἰς τὰ ἐναντία καὶ τὰ πρῶτα καὶ ἀνάγοι μέχρι τοῦ ἀκροτάτου καὶ ἑνὸς καὶ πρώτου. Τίς οὖν ἑκάτερος; Ὁ μὲν δεικνὺς τὴν ἀτιμίαν τῶν νῦν ψυχῇ τιμωμένων, ὃν ἐν ἄλλοις δίιμεν ἐπιπλέον, ὁ δὲ διδάσκων καὶ ἀναμιμνήσκων τὴν ψυχὴν οἷον τοῦ γένους καὶ τῆς ἀξίας: Plot., V 1,1,22-28.

Menschheit vor Augen geführt werden sollte, um sie so anzuspornen, den in ihnen liegenden Kern von Gottähnlichkeit wieder frei zu legen[23].

6. An dieser Stelle kommt freilich für die christlichen Autoren etwas hinzu, was in den philosophischen Paralleltexten keine eigentliche Parallele hat. Die sinnliche Präsenz der Gottheit im Fleisch macht die Nachahmung (*imitatio*) des einen besonderen Menschen zum Königsweg hin zur Angleichung an Gott. Angesichts dessen, dass Jesus Christus Gott und Mensch war, ist es tatsächlich die nahe liegende konkrete Forderung für den Christen, seine Gottähnlichkeit wieder herzustellen, indem er in jeglicher Hinsicht dem Vorbild Jesu nacheifert. Gregor hat eine ganze, bemerkenswerte Schrift, *De perfectione christiana*, dem Versuch gewidmet zu zeigen, dass alle Christusprädikate, die seiner menschlichen Natur gelten, auch auf die Christen angewandt werden müssten (darunter bezeichnenderweise viele, die nur einige Jahrzehnte früher selbstverständlich für Prädikate seiner Gottheit gegolten hatten). Dort heißt es in einem Passus, der mehrere der hier verhandelten Aspekte unserer Thematik bündelt:

> Dieser nun, der jenseits jeden Wissens und jeder Erkenntnis ist, der Unaussprechliche und Unbeschreibbare, wurde, damit er dich wiederum zum Bild Gottes mache, selbst aus Menschenliebe zum »Bild des unsichtbaren Gottes« (Kol. 1,15), damit er durch die eigene Form, die er annahm, in dir geformt werde und du wiederum durch ihn der Gestalt der ursprünglichen Schönheit angeglichen werdest und so wirst, was du von Anfang warst. Wenn wir nun auch selbst Bild des unsichtbaren Gottes werden wollen, dann ist es angemessen, die Gestalt unseres Lebens nach dem vor uns liegenden Lebensbeispiel zu formen. Was aber ist das? Es ist, dass die *im* Fleisch Lebenden nicht *nach* dem Fleische leben. Denn auch jenes urbildliche Bild des unsichtbaren Gottes, von der Jungfrau geboren, ist versucht worden in allem gleichwie die menschliche Natur, allein die Erfahrung der Sünde nahm er nicht an, er, der keine Sünde getan hat und in dessen Mund sich kein Betrug fand (1. Pt. 2,22). Wie nun, wenn wir die Kunst des Malens gelehrt würden, wobei der Lehrer uns eine gut gelungene Gestalt in einem Gemälde vorzeigt, es notwendig wäre, dass die Schönheit jener Gestalt gänzlich im eigenen Bild nachgeahmt würde, damit die Gemälde aller gemäß dem vorliegenden Beispiel gut gelingen, in derselben Weise, da ein jeder Maler des eigenen Lebens ist, wobei die freie Willenswahl die Künstlerin dieser Schöpfung ist, die Tugenden aber die Farben für die Ausführung des Bildes, besteht freilich keine kleine Gefahr, dass die Nachahmung die urbildliche Schönheit zu hässlicher und unförmiger

[23] Cf. z.B. Clem., paed. I 12,98,1-3 (GCS Clemens 1, 148,13-149,9 Stählin/Treu); Or., Cels. III 28 (GCS Origenes 1, 226,6-18 Koetschau).

> Gestalt verändert, indem sie durch schmutzige Farben anstelle der herrschaftlichen Form die Gestalt des Bösen skizziert. Da es aber möglich ist, so müssen wir die reinen Farben der Tugenden, gemischt nach kunstfertiger Zusammensetzung, zu Nachahmung der Schönheit herzunehmen, so dass wir ein Bild des Bildes werden, indem wir durch gleichsam tätige Nachahmung die ursprüngliche Schönheit nachformen, wie es Paulus tut, der durch ein tugendhaftes Leben Nachahmer Christi geworden ist[24].

Locus classicus der Mimesislehre ist für Gregor in dieser Schrift 1. Kor 11,1 (μιμηταί μου γίνεσθε καθὼς κἀγὼ Χριστοῦ). Dies ist auch deshalb interessant, weil es zeigt, dass die hier vorliegende Struktur ganz leicht erweitert werden konnte: Über die Nachahmung Christi wird letztlich die ὁμοίωσις θεῷ erstrebt; aber die Nachahmung Christi ist für die paulinische Gemeinde bereits konkret die Nachahmung des Paulus. Man sieht, dass sie für Gregor möglicherweise *in praxi* die Nachahmung des Gregor Thaumaturgus oder des Basilius sein konnte. In der Tat werden für die christliche Praxis in den kommenden Jahrhunderten immer mehr die Heiligen und Märtyrer zu Mittlern der Gottangleichung. Für die weitere Diskussion ist dieser Punkt entscheidend: generell lässt sich formulieren, dass die christliche Version der Homoiosislehre ganz stark auf

[24] οὗτος τοίνυν ὁ ὑπερέκεινα πάσης γνώσεώς τε καὶ καταλήψεως, ὁ ἄφραστος καὶ ἀνεκλάλητος καὶ ἀνεκδιήγητος, ἵνα σε ποιήσῃ πάλιν εἰκόνα θεοῦ, καὶ αὐτὸς ὑπὸ φιλανθρωπίας ἐγένετο εἰκὼν τοῦ θεοῦ τοῦ ἀοράτου, ὥστε τῇ ἰδίᾳ μορφῇ, ἣν ἀνέλαβεν, ἐν σοὶ μορφωθῆναι καὶ σὲ πάλιν δι᾽ ἑαυτοῦ πρὸς τὸν χαρακτῆρα τοῦ ἀρχετύπου συσχηματισθῆναι κάλλους, εἰς τὸ γενέσθαι ὅπερ ἦς ἐξ ἀρχῆς. οὐκοῦν εἰ μέλλοιμεν γίνεσθαι καὶ ἡμεῖς εἰκὼν θεοῦ τοῦ ἀοράτου, πρὸς τὸ ἐκκείμενον ἡμῖν τοῦ βίου ὑπόδειγμα τυποῦσθαι προσήκει τῆς ζωῆς ἡμῶν τὸ εἶδος· τοῦτο δέ ἐστι τί; τὸ ἐν σαρκὶ ζῶντας μὴ κατὰ σάρκα ζῆν. καὶ γὰρ ἡ πρωτότυπος ἐκείνη του ἀοράτου θεου εἰκὼν ἡ διὰ της παρθένου ἐπιδημήσασα ἐπειράθη μὲν κατὰ πάντα καθ᾽ ὁμοιότητα τῆς ἀνθρωπίνης φύσεως, μόνης δὲ οὐ συμπαρεδέξατο τῆς ἁμαρτίας τὴν πεῖραν. Ὃς ἁμαρτίαν οὐκ ἐποίησε, οὐδὲ εὑρέθη δόλος ἐν τῷ στόματι αὐτοῦ. ὥσπερ τοίνυν, εἰ τὴν ζωγραφικὴν ἐπαιδευόμεθα τέχνην, προθέντος ἡμῖν τοῦ διδασκάλου κεκαλλωπισμένην τινὰ μορφὴν ἐπὶ πίνακος, ἔδει πάντως τὸ ἐκείνης κάλλος ἐπὶ τῆς ἰδίας ἕκαστον ζωγραφίας μιμήσασθαι, ὥστε τοὺς πάντων πίνακας κατὰ τὸ ἐκκείμενον τοῦ κάλλους ὑπόδειγμα καλλωπισθῆναι, κατὰ τὸν αὐτὸν τρόπον, ἐπειδὴ τῆς ἰδίας ἕκαστος ζωῆς ἐστι ζωγράφος, τεχνίτης δὲ τῆς δημιουργίας ταύτης ἐστὶν ἡ προαίρεσις, χρώματα δὲ πρὸς τὴν ἀπεργασίαν τῆς εἰκόνος αἱ ἀρεταί, κίνδυνος οὐ μικρὸς μεταχαράξαι τοῦ πρωτοτύπου κάλλους τὴν μίμησιν εἰς εἰδεχθές τι καὶ ἄμορφον πρόσωπον, διὰ τῶν ῥυπαρῶν χρωμάτων ἀντὶ τοῦ δεσποτικοῦ εἴδους τὸν τῆς κακίας χαρακτῆρα σκιαγραφήσαντας. ἀλλ᾽ ὥς ἐστι δυνατόν, καθαρὰ <δεῖ> τῶν ἀρετῶν τὰ χρώματα κατά τινα τεχνικὴν μίξιν πρὸς ἄλληλα συγκεκραμένα πρὸς τὴν τοῦ κάλλους μίμησιν παραλαμβάνειν, ὥστε γενέσθαι ἡμᾶς τῆς εἰκόνος εἰκόνα, δι᾽ ἐνεργοῦς ὡς οἷόν τε μιμήσεως ἐκμαξαμένους τὸ πρω τότυπον κάλλος, ὡς ἐποίει ὁ Παῦλος μιμητὴς τοῦ Χριστοῦ διὰ τοῦ κατ᾽ ἀρετὴν βίου γινόμενος: perf. (GNO 8/1, 194,14-196,15 J.).

den anthropologischen Mechanismus der Mimesis setzt. Dies setzt natürlich eine Dynamik frei, die der eher esoterischen platonischen Ethik nie beschieden sein konnte. Gleichzeitig werden so allerdings auch ganz neue Fragen und Probleme auf den Plan gerufen, wie sich noch zeigen wird.

7. Bislang ist die vielleicht entscheidende Frage noch nicht gestellt worden. Worin besteht eigentlich die Angleichung an Gott? Was ist es konkret, was wir da erstreben bzw. erstreben sollten? An dieser Stelle sehen wir, dass die Homoiosislehre auch ein theologisches Element hat, denn die Antwort auf diese Fragen hängt offenbar davon ab, was man unter Gott versteht. Zahlreiche hierher gehörige Bestimmungen sind in der Spätantike von nichtchristlichen Philosophen und Kirchenvätern ähnlich gegeben worden. Zentral ist bei beiden die Orientierung an der Vernunft[25]. Weiterhin schreibt Gregor, es seien:

> Reinheit, Leidenslosigkeit, Glückseligkeit, die Abwesenheit jeglichen Übels und was immer von solcher Art ist, wodurch die Ähnlichkeit mit dem Göttlichen im Menschen gebildet wird[26].

Jeder einzelne dieser Begriffe könnte ebenso in einer philosophischen Abhandlung stehen. Auch die Tugendlehre konnte die patristische Ethik im Prinzip übernehmen. Deutliche Belege dafür finden sich in dem oben zitierten Passus aus *De perfectione christiana*.

Dennoch ist Vorsicht geboten. Gleiche Begriffe bedeuten nicht unbedingt, dass inhaltlich ebenso vollständige Übereinstimmung herrscht. So kann man bei Gregor von Nyssa beobachten, dass der Gedanke der Apathie im Zusammenhang seiner Diskussion der Christologie auf die Abwesenheit moralisch verwerflicher Leidenschaften eingegrenzt und so nicht unwesentlich verschoben wird[27]. Überhaupt erfährt die Gotteslehre durch die Inkarnationslehre eine grundlegende Modifikation gegenüber der philosophischen Tradition, die diese nie hätte akzeptieren können. Denn da der christliche Gott sich in der Menschwerdung selbst erniedrig (ein

[25] Zu Gott als Nous vgl. Arist., Metaph. XII 7 (1072^{b} 18-30); Alcin., Intr. IX 1-31 (CUFr. 22 f. Whittaker); Or., princ. I 1,6 (21, 13 f. K.); Gr. Nyss., hom. opif. 5 (PG 44, 137 C).

[26] καθαρότης, ἀπάθεια, μακαριότης, κακοῦ παντὸς ἀλλοτρίωσις, καὶ ὅσα τοῦ τοιούτου γένους ἐστὶ, δι᾽ ὧν μορφοῦται τοῖς ἀνθρώποις ἡ πρὸς τὸ Θεῖον ὁμοίωσις: hom. opif. 5 (PG 44, 137 B-C).

[27] Gr. Nyss., or. catech. 16 (GNO 3/4, 46,2-12 Mühlenberg); vgl. R.J. Kees, Die Lehre von der Oikonomia Gottes in der Oratio Catechetica des Gregor von Nyssa, SVigChr 30, Leiden 1995, 119-128.

für einen Platoniker undenkbarer Vorgang[28]), gehört auch die demütige Selbsterniedrigung zu den Merkmalen der christlichen Vollkommenheit[29]. Ja, sie wird zum eigentlichen Zentrum der christlichen Ethik, wo sie die geistige Haltung bezeichnet, in der die Tugenden ausgeübt werden müssen, um tatsächlich moralisch zu sein[30]. Die, ursprünglich auf Friedrich Nietzsche und Max Scheler zurückgehende These, dass sich an dieser Stelle das für die christliche Ethik Typische findet, hat nach wie vor viel für sich[31].

Das ändert freilich nichts daran, dass das patristische Vollkommenheitsideal insgesamt einen stark kontemplativen Zug hatte, der sich auf die Gesamtgestalt der Ethik auswirkte, die so eine asketisch-spirituelle Ausprägung erhielt.

* *
*

Zusammenfassend lässt sich sagen: Die patristische Homoiosislehre stimmt zunächst weitgehend mit ihrem philosophischen Geschwistern zusammen. Unter diesem Aspekt kann man sagen, sie sei eine teleologische Ethik, deren Zielbegriffe aus der christlich umgebildeten, metaphysischen Gotteslehre geschöpft sind. Sie basiert auf einem essentiell dualistischen, aber von einem Ideal her konzipierten Verständnis vom Menschen, dessen Pointe die Möglichkeit der Beherrschung und Umbildung des niederen durch den höheren Teil ist. Insofern setzt sie einen in Übereinstimmung mit der Ratio freien Willen voraus. Für einen Kirchenvater wie Gregor von Nyssa kann man abgekürzt sagen: Die Angleichung an Gott, d.h. die Wiederherstellung der Gottebenbildlichkeit des Menschen, wird erreicht durch Nachahmung Christi.

Im Vorblick auf den weiteren Gang der Untersuchung verdienen zwei Aspekte gesonderte Beachtung, da sie christliche Modifikationen gegenüber

[28] Vgl. Cels., fr. IV 2-7 (TBAW 33, 103-105 Bader).

[29] Vgl. Clem., str. II 22, 132,1-133,2 (GCS Clemens 2, 185,28-186,15) und dazu Wyrwa, a.a.O. (Anm. 9) 184-186, der hierin eine unmittelbare Replik auf die Polemik des Celsus (fr. VI 15 [147 B.]) sieht; Gr. Nyss., beat. I (82,20- 84,28 Callahan).

[30] Das ist jedenfalls die Position Augustins, die seiner ähnlich ‚psychologischen' Deutung der Sünde korrespondiert. Vgl. z.B. ciu. XIV 13,31-54 (CC 43, 435); Psal. XXXI, II 18,20-54 (CC 37, 238-239); XXXIII, II 4-5 (CC 37, 283-285) und die ähnliche Position bei: W. Herrmann, Ethik, Tübingen [4]1909, 217 und ders., Art. Demut, in: RE[3] 4, 571-576, dort allerdings auch explizite Kritik an Augustin: a.a.O., 572.

[31] F. Nietzsche, Genealogie der Moral I 8, in: Kritische Studienausgabe (im Folgenden = KSA), Berlin/New York [2]1988, Bd. 5, 268 f.; M. Scheler, Das Ressentiment im Aufbau der Moralen, in: ders., Gesammelte Werke, Bd. 3, Vom Umsturz der Werte. Abhandlungen und Aufsätze, Bern [4]1955, 33-147, hier: 70-95.

der philosophischen Tradition bezeichnen. Zum einen war für die praktische Ausformung der christlichen Homoiosislehre entscheidend, dass sie über eine Nachahmung des vollkommenen Menschen, Christus, vermittelt wurde. Damit wird das anthropologische Phänomen der Nachahmung mit seinen – wie noch zu zeigen sein wird – spezifischen Problemen zu einem wesentlichen Bestandteil der Homoiosislehre. Zum anderen verschiebt sich das ethische Telos durch die Konsequenzen der Inkarnationslehre für die christliche Gotteslehre. In einer durch ihren Zielzustand strukturierten Ethik muss eine solche Modifikation Rückwirkungen auf die Gesamtstruktur der Ethik haben. Daher ergibt sich schon an dieser Stelle zumindest die Frage nach weiter reichenden Konsequenzen dieser vermeintlich kleinen Korrektur. Kann z.B. das menschliche Streben nach der Homoiosis unter diesen Bedingungen noch so einfach als eine quasi naturhafte Orientierung auf Glückseligkeit hin betrachtet werden? Empirisch jedenfalls spricht nicht viel dafür, dass es Menschen von Natur aus zu einem Zustand drängt, in dem sie sich Gott in seiner Entäußerung angleichen. Wodurch wird dann aber jene demütige Homoiosis zum Ziel des menschlichen Wollens? Und wie verhält sich ein solches »Wollen« der in der Inkarnation sich zeigenden göttlichen Liebe zum menschlichen Eigeninteresse an Seligkeit? Es wird sich zeigen, dass die weitere, widersprüchliche Entwicklung nicht zuletzt an den hier bezeichneten Stellen ihren Ausgang nahm.

2. Die Kritik der Homoiosislehre

Dass es mit dem menschlichen Wunsch nach einer Angleichung an Gott eine durchaus ambivalente Bewandtnis hat, wird deutlich, wenn wir uns einen weiteren Bibeltext vor Augen führen. In der Genesis lesen wir:

> Da sprach die Schlange zum Weibe: ihr werdet keineswegs des Todes sterben, sondern Gott weiß: an dem Tage, da ihr von dem Baum esst, werden euere Augen aufgetan, und ihr werdet sein wie Gott und wissen, was gut und böse ist (3, 4).

Das Ziel, Gott möglichst gleich zu sein, tritt also hier als das Wort der Versuchung an den Menschen heran und verführt ihn zur Sünde. Wie kann es sein, dass derselbe Stimulus, der den Menschen im höchsten Sinn zum moralischen Handeln anspornen soll, gleichzeitig zu seinem Fallstrick wird? Oder ist eine der beiden Bestimmungen falsch? Ist möglicherweise die gesamte Homoiosislehre eine einzige, besonders tückische Falle, die den Menschen im Letzten narrt, da das von ihm erstrebte Ziel auf diese Weise gar nicht erreicht werden kann?

Eine Antwort auf diese Fragen liegt in der Erkenntnis des zutiefst ambivalenten Charakters der menschlichen Nachahmung von etwas oder jemand anderem. Plotin formuliert lapidar, etwas anderes zu bewundern und ihm nachzueifern bedeute gleichzeitig anzuerkennen, dass das Bewundernde und Nacheifernde schlechter, unterlegen sei[32]. Er sieht freilich nicht, dass eine solcher Anerkennung selten aus ganzem Herzen kommt. Die Überlegenheit von jemandem oder etwas anzuerkennen, ruft praktisch zwangsläufig Gefühle von Neid und Missgunst ebenso hervor wie solche der Bewunderung und Hochachtung. Unser Verhältnis zu dem von uns imitierten Vorbild ist daher fast nie ein einfaches. Vielmehr verbinden sich Liebe und Verehrung mit Eifersucht, Neid und sogar Hass. Der Wunsch, dem Vorbild ähnlich zu werden ist anscheinend untrennbar mit dem Wunsch verknüpft, die Überlegenheit des anderen durch dessen Erniedrigung zu reduzieren oder zu beseitigen. Psychologisch lässt sich dies an unzähligen Beispielen zum Verhältnis Kind – Eltern, Schüler – Lehrer etc. mühelos illustrieren. Diese Beispiele deuten auch bereits an, dass die Intensität der korrespondierenden Gefühle durchaus proportional ist: intensiver Liebe und Verehrung entspricht oft gerade auch der bitterste Hass.

Von dieser psychologischen Regel ist auch das Gottesverhältnis nicht ausgenommen. Der menschliche Wunsch Gott ähnlich zu sein, ist immer sowohl aus der Achtung und Verehrung der göttlichen Vollkommenheit als auch aus menschlichem Neid und aus Missgunst gespeist, aus dem Wunsch *auch* so gut, vollkommen, glückselig etc. zu sein, wie Gott es ist. Damit ist dieser Wille aber gleichzeitig der Versuch, seine eigene Voraussetzung, nämlich die prinzipielle Überlegenheit des Göttlichen, zu negieren.

Es ist, wie mir scheint, wesentlich diese Ambivalenz des menschlichen Willens zur Gottähnlichkeit, die der oft zitierten Kritik Luthers an der Homoiosislehre letztlich zu Grunde liegt[33]. Bereits 1517 heißt es (unter ausdrücklicher Kritik an Gabriel Biel):

> Non »potest homo naturaliter velle deum esse deum« [das hatte Biel behauptet[34]], Immo vellet se esse deum et deum non esse deum[35].

[32] Plot., V 1,1: Ἅμα γὰρ διώκεται ἄλλο καὶ θαυμάζεται, καὶ τὸ θαυμάζον καὶ διῶκον ὁμολογεῖ χεῖρον εἶ ναι.

[33] Vgl. zum Folgenden: D. Lage, Martin Luther's Christology and Ethics, TSR 45, Lewiston u.a. 1990.

[34] Gabriel Biel, In sent. III dist. 27, qu. unica, not. 4, 1-5 (3, 489 Werbeck/Hofmann).

[35] WA 1, 225, 1 f.

Und in den Scholien zum Römerkommentar von 1515/16 beschreibt er die Ambivalenz der Nachahmung am Begriff des Nacheiferns (*emulatio*, den er allerdings dort noch von *imitatio* unterscheiden will[36]). Dies sei ein sehr weiter Begriff, der sowohl positive wie negative Konnotationen habe:

> Das Nacheifern schließt das Gut ein, das geliebt wird. Damit schließt es aus, dieses mit einem anderen zu teilen. So kommt es zum Hass auf denjenigen, der teilhaben und so [den Nacheifernden] nicht als Einzigen [Partizipanten am Guten] dulden will. So liebt und hasst das Nacheifern gleichzeitig[37].

Was bedeutet das für die Homoiosislehre? Ich nenne drei Punkte:

Erstens wird ihr teleologischer Zuschnitt fraglich. Zwar ist die Legitimität der Angleichung an Gott als Telos des menschlichen Lebens *per se* nicht aufgehoben. Jedoch besagt die Tatsache, dass dieses Ziel erstrebt wird, für die sittliche Qualität des handelnden Menschen möglicherweise nichts mehr, wenn unter derselben Zielvorstellung auch die Destruktion des Göttlichen und die Selbstvergöttlichung des Menschen betrieben werden kann und *de facto* betrieben wird. Auf diese Weise richtet sich das Augenmerk auf den Charakter des Wollens, das für die religiöse und ethische Bestimmung relevanter zu sein scheint als dessen Ziel.

Zweitens – und damit unmittelbar zusammenhängend – wird die anthropologische Grundlage, auf der die Homoiosislehre ruhte, fragwürdig. Wenn, wie Luther selbst es erlebt hatte, gerade der Versuch, den Liebeswillen Jesu in sich und für sich selbst nachzuahmen, zum Scheitern verurteilt war[38], dann betraf die Entfremdung des Menschen von Gott – die als solche ja auch die antike Ethik kannte – den ganzen Menschen. Sie betraf gerade und besonders den Menschen in seinem innersten Kern. Es konnte demzufolge keinen ‚Rest' von Gottesebenbildlichkeit z.B. im Sinne der scholastischen Synteresis[39] geben, selbst der Wille des ‚natürlichen'

[36] WA 56, 490,19.

[37] WA 56, 491,11-13: *Ergo Emulatio includit Bonum, quod amatur, et cum hoc excludit communionem illius cum altero ac per hoc et odium eius, qui vult participare et solum non relinquere, igitur simul et odit et amat.*

[38] Z.B. WA 40^{III}, 199,31-34: *Neque enim fides et Christianorum vita sunt hypocrisis, qualis monachorum est, qui etiam ad perfectionem conantur pervenire speculationibus istis unionis spiritualis, sicut ipsi vocant, sed, sicut meo exemplo dedici, frustra.* Cf. K. Holl, Was verstand Luther unter Religion? In: ders., Gesammelte Aufsätze zur Kirchengeschichte, I. Luther, $^{4+5}$1927, 1-110, hier: 20-22.

[39] Vgl. F. Krüger, Art. Gewissen III. Mittelalter und Reformation, in: TRE 13, 219-225, hier: 219-221. Zu Biels – für Luthers Kritik relevante – Rezeption des Begriffs: L.

Menschen ist unfrei, d.h. der Mensch sündigt auch und gerade dann, wenn er vermeintlich das Gute will[40]. Das sich ergebende Bild des Menschen ist – theologisch gesprochen – sehr viel stärker durch den Fall als durch die ursprüngliche Geschöpflichkeit gekennzeichnet: Zentraler Ausweis ist nicht mehr die Rationalität, sondern der als Konkupiszenz verstandene, irrationale Wille[41].

Die systematische Schwachstelle der Homoiosislehre, auf die zu Recht hingewiesen wird, liegt – drittens – darin, dass sie mit der Annahme arbeitet, der Mensch sei in gewisser Weise bereits das, was er erst werden solle (man denke an das Paradox des delphischen Wortes). Unterliegt sie so nicht einer *petitio principii*? Luther jedenfalls insistiert, dass die Gottähnlichkeit nur Voraussetzung guter Werke sein kann, nicht deren Resultat. Der Mensch muss die *conformitas Christi* zunächst im Glauben verliehen bekommen, um dann ihr gemäß handeln zu können[42].

Nun richtete sich das Interesse des jungen Luther zunächst gegen den soteriologischen Missbrauch der *imitatio*, gegen das Ausspielen des *Christus exemplum* gegen den *Christus sacramentum*, letztlich gegen die Werkgerechtigkeit[43]. Gesteht man die soteriologische Insuffizienz der Nachahmung zu, bleibt immer noch die Frage nach ihrer möglicherweise legitimen ethischen Applikation[44]. Hier stellt sich also zum ersten Mal in aller Schärfe die Frage nach der Möglichkeit einer Homoiosis*ethik*, die bewusst von soteriologischen Implikationen frei gehalten wird. Darauf wird noch zurückzukommen sein.

Grane, Contra Gabrielem. Luthers Auseinandersetzung mit Gabriel Biel in der Disputatio Contra Scholasticam Theologiam 1517, AThD 4, Gyldendal 1962, 158 f.; Lage, a.a.O., 18-20. Zu Luthers Umgang damit in der Römervorlesung von 1515/16 vgl. WA 56, 275,17-23 und Grane, a.a.O., 333-335. Luther konzediert, dass es *synteresis* als schwache *inclinatio ad bonum* gibt, hält dies jedoch für seine Grundthese für irrelevant. Zu Berührungen zwischen Luther und Tauler in dieser Hinsicht vgl. A.V. Müller, Luther und Tauler auf ihren theologischen Zusammenhang neu untersucht, Bern 1918.

40 Vgl. WA 1, 359, 33 f.: *Liberum arbitrium post peccatum res est de solo titulo, et dum facit quod in se est, peccat mortaliter*; s.a.: WA 2, 410,35-38.

41 Vgl. Disputatio contra scholasticam theologiam, Th. 21-23, bes. 21: *Non est in natura nisi actus concupiscentiae erga deum* (WA 1, 225,9).

42 Lage, a.a.O., 85 f.

43 Vgl. WA 57^{III}, 114,15-19: *Ideo qui Christum vult imitari quoad exemplum, necesse est, ut credat primum firma fide Christum pro se esse passum ac mortuum quoad sacramentum. Vehementer ergo errant, qui peccata delere parant primum per opera et labores penitencie, velut ab exemplo incipientes, cum deberent a sacramento incipere.*

44 Hierzu vgl. Lage, a.a.O., 98-102.

Dennoch wäre es vereinfacht, wollte man übersehen, dass aus dieser Perspektive die Ethik leicht selbst in Frage gestellt werden kann. Wenn es heißt, man könne nicht werden, der man ist, also eine potenziell angelegte Vortrefflichkeit in die Aktualität überführen, sondern müsse schon gut sein, um gut zu handeln, dann kann das so verstanden werden, als sei damit die Grundlage weggerissen, auf die sich alle Ethik seit ihrer theoretischen Grundlegung durch Platon und Aristoteles gestellt hatte.

Diese bei Luther mögliche Konsequenz ist in ganzer Radikalität von Friedrich Nietzsche gezogen worden – mit einer, wie man weiß, explizit christentumskritischen Pointe. Nietzsches christliche, speziell lutherische Wurzeln sind zu offensichtlich, als dass sie hier umständlich begründet werden müssten. Bei Nietzsche ist die Spontaneität der Wertsetzung ein wesentliches Kennzeichen des ressentimentfreien Übermenschen. Es seien, so heißt es bei ihm,

> »die Guten« selbst gewesen, das heisst die Vornehmen, Mächtigen, Höhergestellten und Hochgesinnten, welche sich selbst und ihr Thun als gut, nämlich als ersten Ranges empfanden und ansetzten, im Gegensatz zu allem Niedrigen, Niedrig-Gesinnten, Gemeinen und Pöbelhaften. Aus diesem Pathos der Distanz heraus haben sie sich das Recht, Werthe zu schaffen, Namen der Werthe auszuprägen, erst genommen[45].

Luther hatte seine Umkehrung des delphischen Paradoxes prägnant ausgedrückt in der biblisch formulierten These (Mt. 7, 17 f.), ein guter Baum bringe gute Früchte hervor (und nicht werde umgekehrt ein Baum gut durch das Hervorbringen guter Früchte)[46]. Scharfen Protest richtete er gegen die (vermeintlich[47]) aristotelische Lehre, dass wir durch das Tun des Gerechten gerecht werden:

> Nicht werden wir – wie Aristoteles meint – durch das Tun des Gerechten gerecht (höchstens täuschend), sondern dadurch, dass wir Gerechte (wenn ich so sagen darf) geworden sind und sind, handeln wir gerecht. Es ist notwendig, dass zunächst die Person geändert wird, dann die Werke[48].

Bei allen Unterschieden scheint es offensichtlich, dass hier ein sachlicher Zusammenhang mit der Position Nietzsches besteht. Diese Gemeinsamkeit

[45] Zur Genealogie der Moral I 2, KSA 5, 259,16-23.

[46] Z.B. WA 7, 32,4-34; WA 56, 364,12-18. Ebd. auch die Verbindung mit Luthers Kritik an der aristotelischen Ethik; vgl. dazu Th. Dieter, Der junge Luther und Aristoteles. Eine historisch-systematische Untersuchung zum Verhältnis von Theologie und Philosophie, TBT 105, Berlin/New York 2001, 149-256.

[47] Vgl. zur Problematik: Dieter, a.a.O., 154-167.

[48] WA.Br. 1, 70,29-31: *Non enim, ut Aristoteles putat, iusta agendo iusti efficemur, nisi simulatorie, sedi usti (ut sic dixerim) fiendo et essendo operamur iusta.*

lässt sich so formulieren: Der Gute ist gut, so wie der Gerechte gerecht ist. Der Versuch des Nichtguten gut oder des Nicht-Gerechten gerecht zu werden ist hingegen zum Scheitern verurteilt. Natürlich ist es nicht unerheblich, dass Luther ausdrücklich davon spricht, dass wir gerecht *werden* (nämlich durch göttliche Gnade), während bei Nietzsche der zugrunde liegende Unterschied von Stärke und Schwäche ein von Natur gegebener ist[49]. Kein Geringerer jedoch als Karl Holl hat bei der Beschäftigung mit der ethischen Seite der Theologie Luthers die Verbindung zu Nietzsche früh erkannt[50].

Auch für Nietzsches Theorie spielt die Ambivalenz der Mimesis zumindest implizit eine große Rolle. Die Ressentimentwerte der Sklavenmoral entstehen durch »Umwertung der Werte«. Für Nietzsche sind es die Juden (d.h. die priesterlichen Verfasser der Geschichtsbücher[51]) gewesen,

> die gegen die aristokratische Werthgleichung (gut = vornehm = mächtig = schön = glücklich = gottgeliebt) mit einer furchteinflössenden Folgerichtigkeit die Umkehrung gewagt und mit den Zähnen des abgründlichsten Hasses (des Hasses der Ohnmacht) festgehalten [haben,...] nämlich: ,die Elenden sind allein die Guten, die Armen, Ohnmächtigen, Niedrigen, sind allein die Guten, die Leidenden, Entbehrenden, Kranken, Hässlichen sind auch die einzig Frommen, die einzig Gottseligen, für sie allein giebt es Seligkeit..[52].

Was bedeutet das aber anderes, als dass hier Werte geprägt werden durch die Aufnahme bereits vorgegebener Wertsetzungen und deren Umkehrung. Es sind eben die Schwachen, die ,nur' mit einem Seitenblick auf ihr starkes Gegenüber Werte schaffen können. Ihre ,Nachahmung' jener Werte ist gleichermaßen durch Faszination und durch Hass bestimmt. Die ambivalente Natur der Nachahmung, der Orientierung am anderen, ist auch hier ebenso im Blick wie die spontane und freie Person als Bedingung der Möglichkeit guten Handelns[53].

49 Vgl. jedoch die Untersuchungen von E. Benz über die christliche Vorgeschichte dieser Idee: Das Bild des Übermenschen in der europäischen Geistesgeschichte, in: ders. (Hg.), Der Übermensch. Eine Diskussion, Zürich/Stuttgart 1961, 19-161.

50 Holl, Der Neubau der Sittlichkeit, a.a.O., 222 f.

51 Der Antichrist 25 f., in: KSA 6, 193-197. Im Hintergrund steht sichtlich Wellhausens Bild der israelitischen Geschichte, vgl. ders., Prolegomena zur Geschichte Israels, Berlin/Leipzig 1878, [6]1927, z.B. 291-293.

52 Genealogie I 7, in: KSA 5, 267,18-25.

53 R. Girard hat das richtig beobachtet, wenn er (mit Blick auf Max Scheler allerdings) feststellt: Le mot ressentiment souligne... le caractère de réaction, de choc en retour qui caractérise l'expérience dans (la médiation interne, vgl. u. bei Anm. 70). L'admiration passionnée et la volonté d'émulation butent sur l'obstacle injuste, en

Die Möglichkeit guten Handelns *beruht* auf der vorausliegenden Güte der Person, die allerdings im naturalistischen Schema von Stärke und Schwäche verortet wird.

In einem solchen Theorierahmen kann die Ethik der Homoiosis nur noch als Pervertierung sittlichen Handelns erscheinen. Der Grund für ihre Ablehnung besteht darin, dass nachahmendes Handeln in einer Persönlichkeitsstruktur wurzelt, die *per se* unfähig für das Gute ist: es ist aber die gute *Person*, die die guten Werke hervorbringt, nicht umgekehrt. Die Nötigung, das eigene Handeln an externen Vorbildern zu orientieren, die durch Mangel an eigener, sei es Freiheit, sei es Originalität oder Lebenskraft verursacht ist, macht auf ewig zum Sklaven, der seinem Herrn in Bewunderung und Hass gleichermaßen verfallen ist.

Was hier kritisiert wird, ist nicht nur eine bestimmte ethische Theorie bzw. Tradition. Das Werk, aus dem die zuletzt zitierte Stelle stammt, fragt ja nicht umsonst nach der *Genealogie der Moral*. Diese Entstehungsgeschichte wird geschrieben, um die Fragwürdigkeit *der* Ethik schlechthin zu erweisen (nach dem »Werth dieser Werthe« zu fragen, wie Nietzsche sich ausdrückt[54]). Das, was in der klassisch-griechischen wie in der jüdisch-christlichen Tradition als Ethik firmiert, ist für Nietzsche nur erklärbar als Phänomen des Ressentiments. Dagegen setzt er das Postulat des Starken, der als solcher spontan ‚gut' handelt. Dieser braucht keine Ethik. Den anderen kann sie auch nicht helfen. Sie ist demnach nichts als ein systematischer Versuch, über den fundamentalen Unterschied zwischen stark und schwach, zwischen gut und nicht gut hinwegzutäuschen. Damit ist die von Luther in der Soteriologie bezogene radikale Position auf die Ethik übertragen. Aus der Kritik der Homoiosislehre wird die Kritik von Ethik schlechthin.

* *
*

Die Kritik an der Homoiosislehre nimmt also in ihrer theologischen (Luther) wie philosophischen (Nietzsche) Form die anthropologische und psychologische Ambivalenz der Mimesis in Blick und führt letztlich deren Aporien auf die paradoxe Logik des »Werde, der du bist« zurück. Diese Logik wird abgelehnt und umgekehrt. Der Mensch muss gut sein,

apparence, que le modèle oppose à son disciple et retombent sur ce dernier sous forme de haine impuissante...: Mensonge romantique et vérité romanesque, Paris 1961, 25.

54 Genealogie, Vorrede 6, in: KSA 5, 253,7-10. Die Frage, ob Nietzsche selbst »Moralist« war, d.h. eine eigene Ethik vortragen wollte, lasse ich beiseite.

um gut handeln zu können, genauer: der gute Mensch handelt von sich aus (spontan) gut. Demgegenüber ist der Versuch des Nichtguten durch Nachahmung gut zu werden von vornherein zum Scheitern verurteilt.

3. Theorie der Mimesis und *Imitatio Christi* bei René Girard

Nun wäre der Eindruck sicher vorschnell, die lutherische (oder gar: die evangelische) Tradition habe mit der Homoiosislehre nichts zu tun. Es lässt sich jedoch nicht übersehen, dass die Tradition der ὁμοίωσις θεῷ bzw. der *Imitatio Christi* heute auch ein ökumenisches Problem darstellt. Man kann sich das sofort klarmachen, wenn man zwei der wichtigsten theologischen Enzyklopädien der Gegenwart daraufhin befragt. Die *Theologische Realenzyklopädie* hat überhaupt nur einen Artikel zum Stichwort ‚Nachfolge Jesu', in dem die Ethik der ὁμοίωσις θεῷ mit abgehandelt wird. In seinem ethischen Teil erfährt man lapidar von der »traditionellen Lehre der *Imitatio Christi* mit – wenigsten für Protestanten – unannehmbarer Verlagerung des Schwerpunktes von der Gnade auf die Werke«[55].

Blickt man dagegen in das *Dictionnaire de spiritualité*, dann findet man einen äußerst umfangreichen Artikel zu *Imitation du Christ*, der in seiner Darstellung des 19. und 20. Jh. konstatiert:

> Depuis le 19e siècle jusqu'à nos jours, l'histoire de la vie chrétienne nous montre que celle-ci est de plus en plus centrée sur l'attachment à la personne de Jésus[56].

Angesichts dieses Befundes kann man Äußerungen des Literaturwissenschaftlers und Anthropologen René Girard wie die folgende für Parteinahmen im Sinne der ungebrochenen spirituellen und ethischen Tradition der *Imitatio Christi* halten:

> (The) neglect of imitation (sc. in Protestant theology) is difficult to justify in view of the fact that not only the Gospels but Paul himself, whose importance for Protestant theology is paramount, insists on the positive role of imitation in Christian life[57].

[55] J.K. Riches, Art. Nachfolge Jesu, IV. Ethik, in: TRE 23, 702-710, hier: 702.

[56] E. Ledeur, Art. Imitation du Christ, II. Tradition spirituelle, in: Dictionnaire de spiritualité, Bd. 7², Paris 1971, 1562-1587, hier: 1584.

[57] R. Girard, Violence renounced, in: W.M. Swartley (Hg.), Violence Renounced. René Girard, Biblical Studies, and Peacemaking, Studies in Peace and Scripture 4, Telford 2000, 308-320, hier: 310.

Ein solcher Eindruck wäre allerdings sehr einseitig. Denn das Interessante an Girards Auseinandersetzung mit dem Thema Mimesis besteht darin, dass er sich einen Großteil der Einwände gegen die Nachahmung zueigen macht, diese in seine Theorie integriert, um schließlich mit einer solcherart entwickelten Theorie dann doch wieder die Grundanliegen der christlichen Imitatiolehre zu rechtfertigen. Er bestätigt also (in gewissem Sinne) das Ergebnis der patristischen Homoiosisethik, kommt allerdings zu diesem Ergebnis auf einem sehr anderen Weg, einem Weg, der im übrigen zahlreiche Prämissen der neuzeitlichen Kritiker jener Theorie aufnimmt[58].

Girard hat die Grundelemente seiner Mimesistheorie zunächst vorgetragen an Hand einer Analyse von zentralen Werken der Romanliteratur[59]: Bücher von Cervantes, Stendhal, Flaubert, Proust und Dostojewski enthüllen in Girards Lektüre eine Wahrheit über die moderne Welt, die diese von sich aus nicht zur Kenntnis nehmen will: Wo das romantische Menschenbild das Ideal des originellen, spontanen, unabhängigen Menschen verklärt, zeigt der Scharfblick der Künstler die Realität von durch und durch mimetisch bestimmten Existenzen. Entsprechend kontrastiert Girard – wie der Titel seines Erstlingswerkes ankündigt – die romantische Lüge mit der Wahrheit des Romans: Mensonge romantique et vérité romanesque. Er hat später das Spektrum dieser Theorie durch umfangreiche Analysen v.a. zur Ethnologie und zur Religionsgeschichte erheblich erweitert, dabei aber seine ursprüngliche Konzeption im Wesentlichen beibehalten. Auf diese beziehe ich mich im Folgenden.

Girards Argumentation ruht auf folgenden vier Grundgedanken:

1. Mimesis oder Nachahmung ist eine universale anthropologische Konstante. Mit dieser Grundentscheidung ist bereits deutlich, dass der ‚Bösewicht' seiner Theorie (oder doch einer der wichtigsten Bösewichte) jede »romantische Lüge« (»ce mensonge, qu'est le désir spontané«[60]), der Glaube an menschliche Authentizität und Originalität ist:

[58] Die Literatur zu Girard ist inzwischen uferlos. Für die hier zu verhandelnde Fragestellung wichtig ist: P. Livingston, Models of Desire. René Girard and the Psychology of Desire, Baltimore/London 1992.

[59] R. Girard, Mensonge romantique et vérité romanesque, Paris 1961; dt. Figuren des Begehrens, Das Selbst und der Andere in der fiktionalen Realität, Beiträge zur mimetischen Theorie 8, Wien u.a. 1999. Die Seitenangaben im Folgenden beziehen sich auf den Originaltext.

[60] A.o.O., 30.

> Le vaniteux romantique ne se veut plus le disciple de personne. Il se persuade qu'il est infiniment *original*. Partout, au XIXe siècle, la spontanéité se fait dogme, détrônant l'imitation. Ne nous laissons pas duper, répète partout Stendhal, les individualismes bruyamment professés cachent une forme nouvelle de copie. Les dégoûts romantiques, la haine de la société, la nostalgie du désert, tout comme l'esprit grégaire, ne recouvrent, le plus souvent, qu'un souci morbide de l'*Autre*[61].

Damit ist freilich auch ein scharfer Widerspruch gegen die oben im zweiten Abschnitt skizzierte Tradition gegeben, die die Kritik an der Homoiosislehre mit einer Option für spontanes Handeln ergänzt. Eine solche Option hält Girard für illusorisch, ja – wie wir gleich sehen werden – für eine gefährliche Illusion. Diese erste Annahme hängt unmittelbar zusammen mit einer zweiten:

2. Nachgeahmt wird für Girard grundsätzlich der Wille oder das Begehren eines anderen. Mimesis heißt für Girard also genauer *désir mimétique* oder auch »désir triangulaire«[62]. Für dieses so konstatierte mimetische Begehren wird nun Universalität behauptet. Nach Girard vollzieht sich demnach jedweder Wille oder jedes Begehren in triangulärer Form. Neben dem der etwa begehrt und dem, was begehrt wird, gibt es einen Dritten, einen *médiateur*, der das begehrte Objekt ebenfalls begehrt und dessen Begehren eben: nachgeahmt wird. So schreibt er über Don Quixote und dessen verehrten (fiktiven) Helden Amadis:

> Don Quichotte a renoncé, en faveur d'Amadis, à la prérogative fondamentale de l'individu: il ne choisit plus les objets de son désir, c'est Amadis qui doit choisir pour lui. Le disciple se précipite vers les objets que lui désigne, ou semble lui désigner, le modèle de toute chevalerie. Nous appellerons ce modèle le *médiateur* du désir. L'existence chevaleresque est l'*imitation* d'Amadis au sens où l'existence du chrétien est l'imitation de Jésus Christ[63].

Man kann sehen, wie die beiden Annahmen zusammenhängen. Denn indem die für die gesamte Handlungstheorie (und insofern auch für die gesamte Ethik) fundamentale Kategorie des Wollens bzw. des Begehrens durch die Kategorie der Mimesis strukturiert wird, kann gleichzeitig die Behauptung der Universalität der Mimesis plausibel vertreten werden.

Diese zweite Grundentscheidung Girards hat weitreichende Konsequenzen für die gesamte Handlungstheorie, die ich hier allerdings nur

[61] A.a.O., 29 (Hervorhebungen im Original).

[62] A.a.O., 15-67 passim.

[63] A.a.O., 16 (Hervorhebungen im Original).

andeuten kann. Denn indem Girard die Struktur des Begehrens ihrerseits mit Hilfe der Kategorie der Mimesis erklärt, kann er eine zumindest beachtliche Antwort auf vielleicht die große Aporie der neuzeitlichen Handlungstheorie geben, die sich so formulieren lässt: woher kommen eigentlich dem Handeln die Ziele[64]? Für Girard ist die Antwort darauf offensichtlich: dasjenige, was wir in unserem Handeln und Wollen erstreben, ist nichts anderes als Mimesis des Begehrens eines anderen.

3. Nun ist diese Beobachtung für Girard freilich kein Grund zur Beruhigung, denn er sieht genau die im vorigen Abschnitt beschriebene, ambivalente Funktionsweise des mimetischen Begehrens. Dies ist der dritte zentrale Stützpfeiler seiner Theorie: dass der Mittler in diesem Dreieck des mimetischen Begehrens sowohl bewundert als auch gehasst wird. Warum? Nun, einerseits fasziniert er und wird zum Vorbild, weil er etwas besitzt, was ich selbst auch gern hätte. Gleichzeitig aber verhindert er letztlich, dass ich mich selbst in den Besitz des begehrten Objektes bringe, denn er besitzt es ja selbst! Der junge, begabte Geiger, der dem berühmtesten Virtuosen seiner Zeit, seinem Lehrer, nacheifert, möchte so sein wie dieser, das heißt, er möchte selbst der berühmteste sein. Dabei ist ihm zuletzt sein Vorbild im Weg. Der Mittler weckt also einerseits das Begehren und gibt ihm die Richtung vor, gleichzeitig steht er seiner letzten und höchsten Erfüllung im Wege und zwingt den Nachahmer und Rivalen sich, solange der Mittler da ist, mit einer abkünftigen und eingeschränkten Befriedigung des Bedürfnisses zufrieden zu geben. Hören wir Girard selbst:

> L'élan vers l'objet est au fond élan vers le médiateur;... Le disciple, fasciné par son modèle, voit forcément dans l'obstacle mécanique que ce dernier lui oppose la preuve d'une volonté par son égard. Loin de se déclarer vassal fidèle, ce disciple ne songe qu'à répudier les liens de la médiation. (...) Le sujet est persuadé que son modèle s'estime trop supérieur à lui pour l'accepter comme disciple. Le sujet éprouve donc pour ce modèle un sentiment déchirant formé par l'union de ces deux contraires que sont la vénération la plus soumise et la rancune la plus intense. C'est là le sentiment, que nous appelons *haine*[65].

[64] Vgl. H. Joas, Die Kreativität des Handelns, Frankfurt/M. 1992, 22-26 (unter Bezug auf T. Parsons). Joas' eigener Lösungsversuch (nämlich durch Annahme eines fundamentalen Typus' ‚kreativen Handelns': a.a.O., 15 u.ö.) ist von demjenigen Girards freilich diametral verschieden.

[65] Girard, a.a.O., 24 (Hervorhebungen im Original).

Für Girard handelt es sich bei diesem Zusammenhang zwischen Faszination und Hass gegenüber dem Vorbild, das mein Begehren weckt, mitnichten um etwas der Mimesis Akzidentielles. Vielmehr sieht er hier ein Gesetz, das mit der Universalität der triangulären Mimesis kombiniert eine beständige Quelle von Neid, Hass und letztlich Gewalt in den menschlichen Kulturen darstellt. Girards Theorie hat (worauf hier nicht weiter eingegangen werden kann) den Anspruch, auf der Basis dieser Zusammenhänge eine Gesamttheorie der menschlichen Kultur zu konstruieren, die wesentlich bestimmt ist durch die mit dem mimetischen Begehren gegebene Gewalt und den mehr oder weniger erfolglosen Versuchen menschlicher Gesellschaften, diese einzudämmen oder zu kanalisieren. Hierbei entwickelt er eine umfassende Theorie der Religionsgeschichte, die den Gedanken geopferter ‚Sündenböcke' ins Zentrum rückt und auch von theologischer Seite Aufmerksamkeit gefunden hat[66].

Wichtig für den gegenwärtigen Zusammenhang ist es zu sehen, dass Girard mit dieser Einschätzung des ambivalenten Charakters der Mimesis Gedanken aufgreift, die zu der Kritik der Homoiosislehre z.B. beim jungen Luther maßgeblich beigetragen haben. Dessen Beobachtungen etwa über die Zwiespältigkeit der *emulatio*, die liebt und hasst, weil sie etwas begehrt, das sie nicht teilen will, enthalten bereits den Kern des girardschen Gedankens. Ebenso offensichtlich sind Beziehungen zur Psychologie des Ressentiments bei Nietzsches Sklavenmenschen[67]. Mit seiner expliziten Verknüpfung von Mimesis und Hass, Ressentiment und Gewalt greift Girard also ein zentrales Argument der Mimesiskritik auf.

Was bedeute es aber nun, dass Girard einen Ausweg aus dieser zwiespältigen, mimetischen Verfasstheit des Menschen nicht akzeptiert? Wie bereits festgestellt, ist aus Girards Sicht die Ansicht, es gebe so etwas wie spontanes Begehren, nicht nur eine Illusion, sondern eine gefährliche Illusion. Warum aber gefährlich? Die Antwort lautet: weil diese Illusion

[66] R. Girard, La Violence et la Sacré, Paris 1972; Le Bouc émissaire, Paris 1982. Für die deutsche Girardrezeption ist es charakteristisch, dass dieser Aspekt lange Zeit allein wahrgenommen wurde. Erst 1999 erschien das grundlegende Erstlingswerk in deutscher Übersetzung (s.o. Anm. 59) nachdem bereits in den 80er Jahren Übersetzungen mit recht deutlichen Titeln die Interpretation in eine bestimmte Richtung gelenkt hatten: Das Ende der Gewalt (1983; dt. für Des choses cachées depuis la fondation du monde, Paris 1978, aber unter Auslassung der Teile, die Girards ursprüngliche Gedanken zur Mimesis weiterführten) und Das Heilige und die Gewalt (1987). Zur theologischen Rezeption vgl. R. Schwager, Brauchen wir einen Sündenbock? Gewalt und Erlösung in den biblischen Schriften, München 1978.

[67] Girard, Mensonge (Anm. 59), 25-28 stellt diesen Zusammenhang indirekt durch Auseinandersetzung mit M. Scheler her; vgl. auch a.a.O., 76.

dazu führt, dass die Realität von Nachahmung systematisch verdrängt, dadurch aber gleichzeitig in ihren gewalttätigen Konsequenzen unberechenbarer wird. Diese unvermeidliche Kombination von ignorierter Nachahmung und Gewalt ist gleichzeitig, kurz gefasst, Girards skeptische Einschätzung der Geschichte des neuzeitlichen Individualismus[68], die er freilich in seinen späteren Werken zum Kennzeichen aller vor- und nichtchristlichen Kultur erweitert[69].

4. In seinen literaturwissenschaftlichen Analysen will Girard zeigen, dass es zwischen Don Quixote, der ohne sich zu schämen die Ideale der Welt seiner Ritterromane nachahmt, und den Romangestalten Prousts und Dostojewskis sehr wohl einen Unterschied gibt, freilich nicht den eines zunehmenden Abschieds von mimetischem Verhalten. Vielmehr besteht der Unterschied in der Distanz zwischen Vorbild und Nachahmer. Der vermeintliche Individualismus der Moderne wirkt sich so, in Girards Lesart, als eine zunehmende Verringerung des Abstandes zwischen dem Begehrenden und dem Mittler für sein Begehren aus, kombiniert mit der Illusion spontanen Begehrens. Bei genauerem Hinsehen zeigt sich aber alsbald, dass der Ursprung des Begehrens in Wahrheit bei Freunden, Nachbarn oder Kollegen liegt. Girard spricht hier – das ist der vierte Grundgedanke seiner Mimesislehre – von der Differenz zwischen interner und externer Vermittlung:

> Nous parlerons de *médiation externe* lorsque la distance est suffisante pour que les deux sphères de *possibles* dont le médiateur et le sujet occupent chacun le centre ne soient pas en contact. Nous parlerons de *médiation interne* lorsque cette même distance est assez réduite pour que les deux sphères pénètrent plus ou moins profondément l'une dans l'autre[70].

Es ist die interne Vermittlung, die sich der Illusion hingibt, sie sei überhaupt nicht mimetisch, sondern spontan. Gleichzeitig ist sie besonders anfällig für die durch Mimesis erzeugte Rivalität und zwar wegen der Nähe[71]. Wenn der vorhin angeführte ehrgeizige junge Geiger sich nicht seinen berühmten Lehrer, sondern Paganini zum Vorbild nimmt, ist es

[68] Vgl. Des choses cachées (Anm. 66), 381-384.

[69] Das ist das Hauptthema der Schriften seit La Violence et le Sacré. Die abendländisch-christliche *Kultur* ist freilich auch nicht frei von diesem Kennzeichen, da ihr die eigentliche, opferkritische Pointe der biblischen Botschaft entgangen sei. Vgl. z.B., Des choses cachées, 306 ff.

[70] Mensonge (Anm. 59), 22f.

[71] A.a.O., 25.

für ihn einerseits leichter, seine Bewunderung für diesen zum Ausdruck zu bringen, andererseits – und damit gleichzeitig zusammenhängend – ist die Tendenz zur Rivalität geringer, da von vornherein klar zu sein scheint, dass zwischen Vorbild und Nachahmer ein unüberwindlicher Graben besteht. Ist das Vorbild jedoch weder Paganini, noch sein Lehrer, sondern der Kollege, der am selben Pult sitzt, ist der Abstand nochmals verringert und die Rivalität folglich nochmals verstärkt.

Man sieht: wenn es in Girards Anthropologie so etwas wie eine Ethik gibt, dann lautet ihr Imperativ: »Ahme einen möglichst weit entfernten Mittler nach und schäme dich dessen nicht!« Genau in dieser Fluchtlinie liegt denn auch jedenfalls eine erste Antwort auf die Frage, was die ethische Bedeutung der *Imitatio Christi* noch sein kann. Girard formuliert:

> According to the mimetic theory, no existence is free from imitation, and the alternative to imitating Christ or Christ-like models is the imitation of our neighbors whose rivalrous impulses are usually as easily aroused as our own. As soon as we pattern ous desires on our neighbors' desires, we all desire the same objects and we become entangled in mimetic rivalries[72].

Dies ist, folgt man Girard, auch die Quintessenz der neutestamentlichen Botschaft:

> Les Évangiles et le Nouveau Testament ne prêchent pas une morale de la spontanéité. Ils ne prétendent pas que l'homme doive renoncer à l'imitation; ils recommandent d'imiter le seul modèle qui ne risque pas, si nous l'imitons vraiment comme les enfants imitent, de se transformer pour nous en rival fascinant[73].

Nach dieser Antwort ist die Nachahmung Christi als gewissermaßen der Extremfall der externen Vermittlung, eine Form der Nachahmung, bei der die Distanz zwischen dem Handelnden und Begehrenden und dem Mittler so groß ist, dass die Möglichkeit der Rivalität auf ein Mindestmaß reduziert oder sogar ganz ausgeschlossen ist. Das scheint nicht eben viel, verglichen mit dem reichen Gehalt der alten Homoiosisethik. Doch etwas anderes kann es in der Girardschen Theorie auch kaum geben. Für den rettungslos im Zwang zur Nachahmung befangenen Menschen ist es

[72] Violence renounced (Anm. 57), 310. Umgekehrt interpretiert Girard die moderne Entwicklung als die zunehmende Substituierung Gottes durch den Mitmenschen mit gewalttätigen Konsequenzen: La négation de Dieu ne supprime pas la transcendence mais elle fait dévier celle-ci de l'au-delà vers l'en deçà. L'imitation de Jésus Christ devient l'imitation du prochain. L'élan de l'orgueilleux se brise sur l'humanité du médiateur; la haine est le résultat de ce conflit (Mensonge, 75 f.)

[73] Des choses cachées (Anm. 66), 559.

schon viel, dass ihm der Mechanismus der gewaltsamen Mimesis offenbart und ein quasi therapeutischer Ausweg der Selbsterkenntnis vorgeschlagen wird. Denn schon die Erkenntnis dieses Zusammenhanges ist für Girard alles andere als selbstverständlich und nur durch eine regelrechte Offenbarung zu erklären, die er in den biblischen Schriften vorfindet[74].

Auf Grund dieser Sonderrolle der biblischen Botschaft ist nun allerdings die Nachahmung Christi doch mehr und anderes als die Nachahmung eines besonders fernen Vermittlers. Denn in der Imitatio des Willens Christi ahmen wir ja nun gerade die Negation der Logik der Mimesis nach. Girard akzeptiert die Gottesliebe Jesu (im Anschluss an eine Theorie Max Schelers[75]) als den überhaupt einzigen Fall einer ressentimentfreien (also nicht auf ambivalenter Mimesis beruhenden) Beziehung. Dies ist die zweite, ergänzende Rechtfertigung für die Nachahmung Christi: wir ahmen in ihm in dialektischer Weise eine ihrerseits gewaltlose Mimesis, also eine Mimesis, die das Prinzip ihrer Überwindung in sich enthält, nach. In Auslegung von 1. Joh. 2,6 schreibt Girard:

> Aux prisonniers de l'imitation violente qui vont toujours vers la fermeture s'opposent les fidèles de l'imitation non violente, qui ne peuvent rencontrer aucun obstacle[76].

Man sieht: Girards Theorie ist an diesem Punkt von Spannungen nicht frei. Gibt es eine gewaltlose Nachahmung, kann es sie von seinen anthropologischen Voraussetzungen her überhaupt geben? Es scheint, dass Girard auf diese Fragen zwei Antworten gibt, die im Letzten nicht vermittelbar sind. Nach der einen, man könnte sie pragmatisch nennen, wird diese Möglichkeit kategorisch verneint. Nach der anderen wird die Möglichkeit im Zusammenhang der *Imitatio Christi* zumindest offen gehalten, wenn auch nicht eigentlich ausgeführt. Gerade letztere Überlegung, die bei Girard selbst nur angedeutet ist, wird bei der im Folgenden zu leistenden kritischen Auseinandersetzung von zentraler Bedeutung sein.

* *
*

[74] A.a.O., 223-251.

[75] Vgl. Scheler, Ressentiment (Anm. 31), 75: »Je länger und eindringlicher ich über diese Frage nachsann, desto klarer wurde mir, daß die Wurzel der christlichen Liebe von Ressentiment völlig frei ist – daß aber andererseits keine Idee leichter durch vorhandenes Ressentiment für dessen Tendenz zu verwenden ist, um eine jener Idee entsprechende Emotion *vorzutäuschen.*« Girard, Des choses cachées (Anm. 66), 371 f.

[76] A.a.O., 559.

Welches Licht fällt nun von Girards Theorie auf das ethische Problem der Homoiosislehre und deren neuzeitliche Kritik? Lässt sich von Girard her die Tradition der ὁμοίωσις θεῷ aneignen?

Zweifellos erbringt die Girardsche Theorie eine große Integrationsleistung. Durch den fundamentalanthropologisch interpretierten Begriff der Mimesis gelingt es ihr, eine Vielzahl kultureller Phänomene mittels einer relativ einfachen Theorie zu deuten. Von diesen Potenzialen konnte hier nur ein kleiner Eindruck gegeben werden. Dennoch wird man zögern, ihr die Lösung der Probleme der ethischen Homoiosislehre zuzutrauen, denn ihr Potenzial gerade in dieser Hinsicht scheint begrenzt. Im Folgenden drei Beobachtungen, die sich aus der Auseinandersetzung mit Girard nahe legen.

1. Girards hauptsächliche Einsicht, dass eine Ethik auf die mimetische Struktur menschlichen Handelns Rücksicht zu nehmen hat und nicht auf die Fiktion vermeintlich authentischer oder spontaner Akte bauen sollte, ist ein sehr ernstzunehmender Gedanke, der in der Tat für eine ethische Neubewertung der *Imitatio Christi* Konsequenzen haben muss, auch wenn das natürlich die mit der Mimesis gegebenen Probleme nicht beseitigt. Vielmehr wirft es die Frage auf, ob nicht gerade Girards Bejahung der *Imitatio Christi* zu einer grundsätzlichen Differenzierung des Mimesisbegriffs führen müsste. Er selbst scheint ja einzuräumen, dass die *Imitatio Christi* zu einer anderen Art Mimesis führt, da wir in ihr das eben prinzipiell andersartige Begehren Christi nachahmen. Ist das dann aber möglicherweise eine Orientierung, die in gewisser Weise jenseits des Gegensatzes von Spontaneität und Nachahmung steht?

2. Girard hat wohl ebenfalls Recht, dass Nachahmung verstanden werden muss als Nachahmung des *Willens*. Er ist sicher nicht der erste, der diese Ansicht vertreten hat. Das macht aber sein Anliegen nicht weniger berechtigt. Gerade im Kontext einer Ethik der ὁμοίωσις θεῷ scheint es mir in der Tat grundlegend, dass die dort erstrebte Übereinstimmung eine solche des Willens und nicht eine Art *imitatio operis* ist. Wiederum ist jedoch zu fragen: Kann diese Nachahmung des Willens angemessen verstanden werden, wenn – wie das ja bei Girard vorausgesetzt ist – Wille einzig Begehren (désir), ein *per se* von der Vernunft abgekoppeltes quasi triebhaftes Wollen ist? Erzwingt nicht Girards eigene Bejahung der Nachahmung Christi auch hier eine Differenzierung? Denn an Christus wird ja nun offensichtlich nicht dessen *désir* nachgeahmt (was wäre das anderes als eine *imitatio operis*?), sondern seine *amour*, seine spezifische Liebe.

Wenn die Möglichkeit dazu bestehen soll, dann muss doch aber ein entsprechendes Vermögen auch beim Menschen vorauszusetzen sein.

3. Der Haupteinwand gegen Girards Theorie aus ethischer Sicht lautet: Die menschliche Vernunft ist ihr blinder Fleck. Von einem blinden Fleck spricht man, wo eine bestimmte Einsicht systematisch ausgeblendet und dadurch ihre vorhandene Rolle im System verdeckt ist. Genau so scheint es sich mit der Vernunft bei Girard zu verhalten, mit weitreichenden Konsequenzen. Girard meint, die Vernunft wirke nur instrumental im Rahmen des mimetischen Begehrens, das seinerseits gänzlich irrational konzipiert ist[77]. Und doch setzt schon die minimale ethische Pointe seiner Theorie, die interne zugunsten externer Vermittlung zu meiden, einen gewissen Vernunftgebrauch zweifellos voraus, der sich auch gegenüber der bleibenden Verfallenheit an das mimetische Begehren irgendwie Geltung verschaffen kann. Diese positive Rolle der Vernunft wird aber nicht ihrerseits zum Thema. Das wiederum scheint mir der Grund dafür, dass auch die Bejahung der *Imitatio Christi* bei Girard nicht zu einer Ethik im eigentlichen Sinn führt, sondern im besten Fall zur Steuerung und Begrenzung der negativen Auswirkungen der mimetischen Rivalität beiträgt. Anders gesagt, Girards Anthropologie fehlt es daran, ein strukturell eigentlich benötigtes positives Element explizit zu machen. So erhält sie einen übermäßig pessimistischen, selbst im Grunde ressentimentbeladenen Zug.

Es scheint deshalb geraten, an dieser Stelle noch einmal auf die antike Homoiosisethik zurückzugreifen. Der unmittelbare Vergleich enthüllt nämlich, dass es dort gerade die Gabe der Vernunft ist, die als Grundelement der Gottesebenbildlichkeit im Menschen das Telos der Gottähnlichkeit sowohl begründet als auch erfordert. Und hierin scheint, nicht zuletzt, auch der Grund dafür zu liegen, dass die patristische Ethik auf die bei aller Kritik doch bleibende positive Rolle eines zur Nachahmung herausfordernden Vorbildes hinweist, die bei Girard seltsamerweise fast ganz in den Hintergrund tritt.

Denn dass die Nachahmung ambivalent ist, das ist auch den antiken Autoren nicht unbekannt. Diese Ambivalenz sehen sie freilich fast ausschließlich in der Wahl dessen, was nachgeahmt wird[78]. Darin liegt sicher ein Problem, auf das Girard zu Recht hinweist. Ob freilich die Lösung

[77] Cf. Girards Auseinandersetzung mit Heideggers Heraklitinterpretation a.a.O., 357-360.

[78] Z.B. Plot. V 1,1,18-23; Greg. Nyss., hom. opif., 12 (PG 44, 161 C-164 D).

dieser Schwierigkeit in der von Girard vorgeschlagenen Unterscheidung von interner und externer Vermittlung gefunden werden kann, ist zweifelhaft. Auch hier wieder scheint es so, dass die – von Girard immerhin eingeräumte – Möglichkeit einer qualitativ andersartigen Mimesis weiterführt, einer Mimesis, die ihrerseits ein nichtmimetisches Begehren nachahmt.

Mit dieser Überlegung nimmt Girard nun aber ein wesentliches Moment der patristischen – im Unterschied zur paganen – antiken Ethik auf: nämlich den Gedanken der demütigen Angleichung an einen sich selbst aus Liebe erniedrigenden Gott. Damit wiederum ist – wie gesehen – die Frage aufgeworfen, ob eine solche Mimesis nicht auch auf einer anderen Art von Willen beruhen muss als dem sinnlichen Begehren *(désir)*. Wird aber ein solcher Wille nicht entscheidend mit der menschlichen Vernunftbegabung zu tun haben?

Es scheint nun so zu sein, dass mit seiner Geringschätzung der praktischen Vernunft Girard gerade jenes Element der neuzeitlichen Kritik der Homoiosisethik aufnimmt, das bei Nietzsche zu einer fundamentalen Ethikkritik geführt hatte und bei Luther in seiner Kritik an den soteriologischen Implikationen der Imitatiolehre seinen historischen Ursprung hat. Will man von der Reformation her jedoch nicht bei den Aporien der nietzscheschen Ethikkritik landen, dann legt es sich nahe, jene soteriologische Frage von der ethischen zu trennen, also diese ganz ausdrücklich so zu thematisieren, dass die von Luther aufgeworfene Frage nach der Bedingung der Möglichkeit des Angenommenseins durch Gott von der Frage nach dem dem Menschen von Gott aufgetragenen und ermöglichten Tun jedenfalls methodisch getrennt wird. Das schließt nicht aus, dass die beiden Fragen an einem bestimmten Punkt auch wieder aufeinander zu beziehen sind, ermöglicht (und erfordert) es jedoch, dass die Homoiosislehre ausdrücklich als eine ethische Theorie theologisch neu durchdacht wird. Das bedeutet konkret: unter positiver Wertschätzung der in einer solchen Theorie notwendig gesetzten Prämissen von praktischer Vernunft und Willensfreiheit.

4. ὁμοίωσις θεῷ und Reich Gottes: systematische Schlussfolgerungen

Welche Konsequenzen für eine Ethik ergeben sich nun, wenn wir die von den Vätern zu Recht gesehene Möglichkeit der menschlichen Vernunft das Gute zum Gegenstand des Willens zu machen zusammenbringen mit der reformatorischen und neuzeitlichen Kritik sowie den Girardschen

Einsichten? Eine grundlegende Schlussfolgerung besteht darin, dass die auf diese Weise anvisierte Ethik zentral als Nachahmung des göttlichen Willens zu rekonstruieren wäre, wie er uns in Jesus Christus begegnet. Wille kann natürlich in diesem Fall nicht *appetitus,* Begehren sein, sondern es handelt sich um einen von der Vernunft bestimmten Willen.

Ziel des moralischen Lebens wäre demnach die Angleichung an Gott durch Bestimmung des eigenen Willens zur Übereinstimmung mit dem göttlichen Willen. Was bedeutet das? Der Wille wird maßgeblich durch sein Ziel bestimmt. Was aber ist das Ziel des göttlichen Willens? Der Begriff, der sich aus der theologischen (und auch der ethischen) Tradition hier nahe legt, ist der des Reiches Gottes. Die hier vertretene abschließende These lautet demzufolge: Ein Versuch, die patristische Ethik der ὁμοίωσις θεῷ im Licht der Mimesistheorie René Girards im heutigen theologisch-ethischen Diskurs fruchtbar zu machen, müsste die Gestalt einer Ethik des Reiches Gottes haben. Mir scheint, dass ein solcher Rahmen für die Ethik die meisten Möglichkeiten bietet, die berechtigten Anliegen der patristischen Homoiosisethik unter Aufnahme ihrer neuzeitlichen Kritik heute zur Geltung zu bringen und gleichzeitig beanspruchen könnte, eines der wichtigsten ethischen Modelle der protestantischen Tradition in eine größere theologiegeschichtliche und auch ökumenische Weite zu führen. Unter diesem Aspekt sei abschließend ein Blick auf Kant geworfen.

Dass Kant den Versuch unternimmt, eine Ethik zu konzipieren, die Luthers Anliegen einer Verbindung von Gebundenheit und Freiheit aufnimmt, ist immer wieder – allerdings auch immer kontrovers – vertreten worden[79]. Weniger beachtet scheint jedoch ein anderer Zusammenhang. Blickt man nämlich von Kant aus auf die im Eingangsteil dieser Darstellung skizzierten Grundgedanken der antiken Ethik der ὁμοίωσις θεῷ, dann stellt man fest, dass auch mit jenem Typ von Ethikbegründung wichtige Übereinstimmungen bestehen. Bei beiden ist die Ausgangsbasis zunächst einmal eine Anthropologie, bei der der Mensch als Bürger zweier Welten verstanden wird. Dabei handelt es sich in der platonisch-patristischen Ethik um die sensitive und intelligible, bei Kant ganz ähnlich um die phänomenale und noumenale Welt[80]. In beiden Fällen ist die Pointe der Ethik die Beherrschung des niederen, sensiblen durch den höheren, intelligiblen Teil[81]. In beiden ist dies gleichzeitig die Verwirklichung der

[79] Vgl. z.B. H. Blumenberg, Kant und die Frage nach dem »gnädigen Gott«, in: StGen 7 (1954), 554-570.

[80] Vgl. z.B. Kritik der praktischen Vernunft, Riga 1788, 74 f. (im Folgenden: KprV, A).

[81] KprV, A 155.

Bestimmung des Menschen; das delphische Wort gilt (ausgesprochen oder unausgesprochen) gleichermaßen als Motto[82]. Bedingung der Möglichkeit für die Ausführung dieser Aufgabe des Menschen ist – wiederum bei beiden – die Ausstattung des Menschen mit Vernunft und Willensfreiheit[83].

Und auch in Kants Ethik ist der Zielzustand menschlicher Vollkommenheit die ὁμοίωσις θεῷ, wenn auch in einer nicht unwesentlichen Verschiebung. Die Parallele ergibt sich nämlich nur im Hinblick auf die menschliche Glückswürdigkeit, also das, was Kant als das »oberste Gut« – in Unterscheidung vom höchsten Gut – bezeichnet[84]. Glückswürdig ist der Mensch in Kants Theorie, wenn er die vollendete Tugend besitzt, d.h. seinen Willen gänzlich auf der Grundlage der praktischen Vernunft, in Übereinstimmung mit dem Kategorischen Imperativ bestimmt. Nun gibt die bekannteste Formulierung dieses Imperativs (das »Grundgesetz der reinen praktischen Vernunft«[85]) eine rein formale Bestimmung eines solcherart bestimmten Willens. Dies ist jedoch nicht die einzige Form, in der der Kategorische Imperativ auftritt. Vielmehr bietet Kant in der *Grundlegung zur Metaphysik der Sitten* seinen Lesern noch weitere, seiner Ansicht nach sachlich identische Formulierungen[86]. Eine dieser Formeln besteht in der Forderung so zu handeln,

> dass alle Maximen aus eigener Gesetzgebung zu einem möglichen Reich der Zwecke, als einem Reich der Natur, zusammenstimmen sollen[87].

Die autonome praktische Vernunft bewährt sich also durch ihre Allgemeingültigkeit: das ist ihre formale Bestimmung. Ihr Gesetz müsste unbedingt (wie ein Naturgesetz) gelten können. Gleichzeitig kommt, durch den Bezug auf den Zweckbegriff, aber auch eine inhaltliche Bestimmung hinzu. Denn dahinter steht die Einsicht, dass

> ein guter Wille dasjenige [ist], wodurch [das Dasein des Menschen] allein einen absoluten Wert, und in Beziehung auf welches das Dasein der Welt einen Endzweck haben kann[88].

82 Grundlegung zur Metaphysik der Sitten, Riga 1785 (=A), ²1786 (=B), A 4-8 (im Folgenden: GMS).
83 KprV, A 51 f.
84 KprV, A 198 f.
85 KprV, A 54.
86 Ob sich das tatsächlich so verhält, beziehungsweise wie genau der inhaltliche Nexus zwischen diesen verschiedenen Formeln zu bestimmen sei – darüber ist viel gestritten worden. Diese Frage muss hier aber nicht entschieden werden.
87 GMS, B 80.
88 Kritik der Urteilskraft, Berlin 1790 (=A), ²1793 (=B), B 412 (im Folgenden: KdU).

Der Mensch ist glückswürdig, er bringt das oberste Gut hervor, wenn er seinen Willen bestimmt wie ein Gesetzgeber in einem moralischen, übernatürlichen Reich, weil er so sich selbst überhaupt erst zu seiner eigentlichen Bestimmung bringt.

Das sich hier schon andeutende religiöse Moment wird vollends deutlich, vergleicht man an dieser Stelle Kants Religionsphilosophie. Denn der einzige von ihm akzeptierte Gottesbegriff ist genau aus dieser Überlegung hergeleitet:

> Da wir nun den Menschen nur als ein moralisches Wesen für den Zweck der Schöpfung anerkennen, so haben wir […] für die nach Beschaffenheit unserer Vernunft uns notwendige Beziehung der Naturzwecke auf eine verständige Weltursache ein Prinzip, die Natur und Eigenschaften dieser Ursache als obersten Grundes im Reiche der Zwecke zu denken und so den Begriff derselben zu bestimmen. […] Auf solche Weise ergänzt die moralische Teleologie den Mangel der physischen, und gründet allererst eine Theologie, da die letztere, wenn sie nicht unbemerkt aus der ersteren borgte, sondern konsequent verfahren sollte, für sich allein nichts als eine Dämonologie, welche keines bestimmten Begriffs fähig ist, begründen könnte[89].

Gott ist also seinerseits postuliert als Grund des Reiches der Zwecke; er ist selbst Gesetzgeber in einem solchen Reich, ein Wesen, wie es in der Religionsschrift heißt,

> in Ansehung dessen alle wahren Pflichten, mithin auch die ethischen, zugleich als seine Gebote vorgestellt werden müssen[90].

Es gibt im Reich der Zwecke, unter dessen gewissermaßen noumenalen Bürgern, keine prinzipiellen Rangunterschiede. Indem wir uns zu solchen bestimmen, werden wir zu »Gesetzgebern« ebenso wie wir es uns von Gott vorstellen. Die Bestimmung zum Sittengesetz, wodurch der Mensch Mensch wird, wodurch er seinen Willen mit demjenigen des moralischen Gesetzgebers gleichrichtet, gleicht ihn diesem an. Das Endziel, zu dem wir moralisch gefordert sind, ist in diesem Sinn ein Zustand der Ähnlichkeit mit Gott.

Es ist hier keine Gelegenheit, angesichts dieser Entsprechung nun nochmals die historische Frage nach den Wurzeln des Kantschen Gedankens zu untersuchen. Eine solche Untersuchung dürfte wohl ergeben, dass diese Parallelen nicht zufällig sind, sondern ihren Grund haben in

[89] KdU, B 413 f.

[90] Die Religion innerhalb der Grenzen der bloßen Vernunft, Königsberg 1793, 138 (im Folgenden: RiGbV, A).

Verbindungslinien, die über Leibniz' Reich der Geister[91] zur platonischen und patristischen Tradition zurücklaufen. Wichtiger ist für unseren Zusammenhang auf zwei Abweichungen hinzuweisen, die sich gegenüber dieser Tradition hier ergeben und die – gerade im Licht der hier zu verhandelnden Fragestellung – von Bedeutung sind.

a) Die erste dieser Abweichungen scheint für die hier vertretene These problematisch. Es wurde schon erwähnt, dass der sich zum Sittengesetz bestimmende Mensch glückswürdig wird und so das »oberste Gut« hervorbringt: an diesem, und nur an diesem, muss sich der Mensch in seinem Handeln orientieren – nicht an der Erlangung der Glückseligkeit, des höchsten Gutes. Damit hängt zusammen der fundamentale Widerspruch Kants gegen die traditionelle Güterethik, in der das Handeln durch ein zu erlangendes Gut bestimmt wird. Als eine solche Güterethik aber war die Homoiosislehre erschienen.

Das scheint nun zur Folge zu haben, dass man Kant zwar die Gottähnlichkeit als den Inbegriff höchster menschlicher Vollkommenheit zuschreiben kann, nicht jedoch den damit bei den Vätern (und bei Girard) verbundenen Imitatiogedanken. Umgekehrt würde das bedeuten, dass gerade auch Kant dem girardschen Vorwurf der Illusion spontanen Begehrens ausgesetzt ist. Moralische Vollkommenheit und Nachahmung scheinen für ihn einander ausschließende Begriffe. Wäre es anders, wäre ja der für die gesamte kantsche Ethik schlechthin fundamentale Gedanke der Autonomie des guten Willens hinfällig. Dass unser Wille mit dem göttlichen übereinstimmt, darf bei Kant nämlich nicht so verstanden werden, dass wir ihn unserer Vorstellung von Gottes Willen angleichen, sondern Gott als vollkommene Intelligenz ist – so könnte man fast sagen – gezwungen, auch nichts anderes zu wollen als was das Urteil der praktischen Vernunft fordert[92]. Übereinstimmung mit dem göttlichen Willen als Bestimmungsgrund der Ethik wird von Kant ausdrücklich zu den – unzulässigen – materialen Prinzipien gezählt,

> wenn Einstimmung mit ihm, ohne vorhergehendes von dessen Idee unabhängiges, praktisches Prinzip, zum Objekt des Willens genommen[93]

[91] Vgl. z.B. G.W. Leibniz, Principes de la nature et da la grâce fondé en raison 15, hg. U.J. Schneider, Hamburg 2002, PhB 537, 168-170.

[92] Vgl. KprV, A 57: Die Gültigkeit des Sittengesetzes »schränkt sich also nicht bloß auf Menschen ein, sondern geht auf alle endliche Wesen, die Vernunft und Willen haben, ja schließt sogar das unendliche Wesen, als oberste Intelligenz, mit ein«.

[93] KprV, A 71.

wird: Denn dann könne nur »Glückseligkeit, die wir davon erwarten, Bewegursache desselben«[94] sein. Auf die Reihenfolge also kommt es an. Die Übereinstimmung mit dem göttlichen Willen zu entdecken, nachdem man dessen Richtigkeit durch Vernunfterkenntnis eingesehen hat, ist etwas anderes, als die Orientierung des Willens von einer vorgängigen Einsicht in den göttlichen Willen abhängig zu machen.

Diese theologische Schwierigkeit hat man immer wieder versucht durch Ausscheidung des Autonomiegedankens zu umgehen[95]. Jedoch, abgesehen davon, dass man damit gewissermaßen den Grundstein der Kantschen Lehre wegzieht, scheint Kants Argument doch auch aus theologischer, speziell aus evangelischer Sicht viel attraktiver als das gelegentlich erschienen ist. Denn es basiert auf der Prämisse, dass jegliches Objekt des Wollens für sich betrachtet wesentlich Ausdruck menschlicher Selbstbezogenheit (Kant spricht mit Augustin von »Selbstliebe«) sei[96]. Kant steht, das macht ihn im gegenwärtigen Kontext gerade interessant, den kritischen Einsichten Luthers und Girards durchaus nahe.

Blickt man nun genauer hin, dann zeigt sich, dass der kantsche Begriff der Autonomie sich in Wahrheit nicht einfach auf den Gegensatz zwischen nachahmendem und spontanem Begehren abbilden lässt. Denn das Wesen der Freiheit durch Autonomie ist ja meine Unterwerfung unter ein Allgemeingültiges. Kant würde – im Grunde gar nicht anders als Girard -argumentieren, dass das vermeintlich spontane Handeln das am wenigsten freie, weil im Gesetz der *amor sui* gefangene ist. Demgegenüber ist die Unterwerfung unter das Sittengesetz paulinisch gesprochen die Knechtschaft unter dem Gesetz der Freiheit (vgl. z.B. Röm. 6,15-23; 8,2).

Möglicherweise kann man in dieser Richtung noch einen Schritt weiter gehen. Denn wenn man in diesem Zusammenhang bedenkt, was die kantsche These von der Verbindung des obersten mit dem höchsten Gut, also die von Glückswürdigkeit und Glückseligkeit als ein synthetisches Urteil bedeutet[97], dann mag man fragen, ob hier nicht gerade der von der Reformation intendierten Vorordnung der Gottesbeziehung als Grundlage guter Werke, die vom Menschen dennoch aus Freiheit getan

[94] Ebd.

[95] Dagegen wandte sich bereits W. Herrmann: Die Religion im Verhältnis zum Welterkennen und zur Sittlichkeit, Halle 1879, 166-179.

[96] KprV, A 40: »Alle materiale praktische Prinzipien sind, als solche, insgesamt von einer und derselben Art, und gehören unter das allgemeine Prinzip der Selbstliebe, oder eigenen Glückseligkeit.«

[97] KprV, A 202 f.

werden, in beachtlicher Weise zu entsprechen versucht wurde. Vielleicht wäre – anders gesagt – angesichts dessen auch die viel geschmähte Postulatenlehre theologisch nochmals zu prüfen.

b) Der zweite Punkt ist wesentlich eine Weiterführung der traditionellen Homoiosislehre. Dabei handelt es sich um die bei Kant in den Blick kommende Ausweitung zu einer nicht mehr individual-, sondern sozialethischen Perspektive. Durch die Integration des anthropologischen Gedankens vom Menschen als Selbstzweck in die Ethik des Kategorischen Imperativs wird das Augenmerk auf die Tatsache gelenkt, dass wir immer gemeinschaftlich handeln. So fordert die Selbstzweckformel in den Worten Friedo Rickens

> eine Kooperation aller Handelnden, in der jeder durch die Verwirklichung seiner Zwecke die Entscheidungs- und Handlungsfreiheit der anderen nach Möglichkeit erweitert und zur Verwirklichung der Zwecke der anderen beiträgt[98].

Kant selbst hat die daraus sich ergebenden Konsequenzen – zum Beispiel für eine Geschichtsphilosophie – insgesamt in seinen Schriften nur am Rande, aber in großer Entschiedenheit, behandelt[99]. In der Religionsphilosophie, die ja eng mit der Ethik zusammenhängt, ergibt sich hier der Gedanke eines Reiches Gottes als einer Vereinigung der Menschen unter Tugendgesetzen:

> Das höchste sittliche Gut [wird] durch die Bestrebung der einzelnen Person zu ihrer eigenen moralischen Vollkommenheit nicht bewirkt, sondern [erfordert] eine Vereinigung derselben in ein Ganzes zu ebendemselben Zwecke, zu einem System wohlgesinnter Menschen, in welchem und durch dessen Einheit es allein zustande kommen kann[100]

Erst unter solchen Voraussetzungen der Gemeinschaftsbildung ist das Erreichen des im guten Willen gesetzten Zieles überhaupt möglich. Diese Linie einer historisch-sozialen Erweiterung der Ethik im Sinne einer Reich-Gottes-Ethik wird dann von Schleiermacher[101] und zahlreichen

98 F. Ricken, Allgemeine Ethik, Stuttgart u.a. ²1989, 107.

99 Vgl. z.B.: Idee zu einer allgemeinen Geschichte in weltbürgerlicher Absicht (1784), in: Akad.-Ausg., Bd. 8, Berlin 1912, 15-31.

100 RiGbV, 136.

101 Vgl. v.a. Schleiermachers Akademieabhandlungen: Über die wissenschaftliche Behandlung des Tugendbegriffs (1819), in: KGA I.11, 313-335; Über den Begriff des höchsten Guten. Erste Abhandlung (1827), a.a.O., 535-553; Über den Begriff des höchsten Gutes. Zweite Abhandlung (1830), a.a.O., 657-677.

sich an Kant und Schleiermacher anschließenden Theologen des 19. und 20. Jahrhunderts weiter verfolgt, worauf hier nur verwiesen werden kann.

* *
*

Es hatte sich bei der Darstellung der Girardschen Lehre gezeigt, dass die Rezeption der Imitatiolehre unbefriedigend bleibt, wo sie in der Nachahmung Christi nur den Extremfall einer »äußeren Vermittlung« sieht. Es muss darum gehen – und dafür gibt es bei Girard wie gesehen auch Hinweise –, dass es hier zu so etwas wie einer Richtungsänderung der Mimesis kommt, weil hier etwas nachgeahmt wird, was dem menschlichen Begehren geradezu gegenläufig ist. Verfolgt man diesen Gedanken, dann wird deutlich, dass dem in der patristischen Ethik die Konzeption einer »Homoiosis der Demut« eine Angleichung gerade an die göttliche Selbsterniedrigung ebenso entspricht, wie sie andererseits in Kants Unterscheidung zwischen dem niederen und dem höheren Begehrungsvermögen (und nur letzteres ist der ethisch relevante Wille!) ihr Äquivalent hat[102]. Girards mimetisches Begehren kennt letztlich einen Ausweg so wenig wie das sinnliche Begehren Kants. Dagegen findet sich bei Letzterem in der Konzeption der praktischen Vernunft eben jener »blinde Fleck« ausgefüllt, der sich in Girards Denken an dieser Stelle zeigte.

Der Kantsche Autonomiegedanke steht also nicht im Widerspruch zu einer Aneignung der Homoiosisethik in der Form einer Ethik des Reiches Gottes, sondern entspricht ihrem Anliegen. Sie kann tatsächlich als eine heute, gerade unter den Voraussetzungen evangelischer Theologie legitime Rezeptionsform jener patristischen Tradition angesehen werden. Damit ist natürlich nicht gesagt, dass der hier aufgezeigte gedankliche Weg nicht seinerseits zu schwerwiegenden ethischen und theologischen Problemen führt. Macht der in allen besprochenen Fällen bestehende anthropologische Dualismus den Übergang, das Entstehen moralischen Handelns nicht doch letztlich unerklärbar? Es würde sich lohnen, philosophischen und theologischen Versuchen, die bei eben diesem Problem ansetzen, von Aristoteles über Schleiermacher bis hin zu Charles Taylor[103] und Johannes Fischer[104] nachzugehen, um zu überprüfen, ob

[102] Vgl. z.B. KprV, A 41-45.

[103] Quellen des Selbst. Die Entstehung der neuzeitlichen Identität, Frankfurt/M. 1996, 105-122 (englisch: Sources of the Self. The Making of Modern Identity, Cambridge, Mass. 1989).

[104] Leben aus dem Geist. Zur Grundlegung der christlichen Ethik, Zürich 1994.

ihre Annahme kontinuierlicher Übergänge hier weiterhilft. An dieser Stelle kann so nur eine vorläufige Bilanz gezogen werden.

Der Rückgang auf die antike, insbesondere patristische Homoiosisethik und ihre direkte Konfrontation mit der mimetischen Theorie René Girards kann zeigen, dass und wie diese Tradition für die heutige ethische Diskussion von Bedeutung ist. In ihrer Betonung der Vernunft als der dem Menschen von Gott verliehenen theoretischen und praktischen Grundausstattung ist sie heilsames Korrektiv gegenüber den immer nur kurzzeitig modernen (inzwischen vielleicht schon eher wieder: postmodernen) Vernunftkritiken. In ihrer Abweichung von ihrem philosophischen Vorbild hinsichtlich des zu erstrebenden Telos weist sie voraus auf die berechtigte Skepsis gegenüber der ethischen Valenz des natürlichen Begehrens des Menschen und bereitet den doppelten Willensbegriff Kants jedenfalls vor. Die die mimetische Struktur der *amor sui* radikalisierende, reduktionistische Position Girards weist durch ihr berechtigtes Insistieren auf der Bedeutung von Mimesis wie auch (indirekt) durch ihre Einseitigkeit auf die Notwendigkeit, die Orientierung des Christen am Willen Jesu in der Kategorie der Freiheit in einer Weise zu beschreiben, die jenseits des Gegensatzes von mimetischem und spontanem Wollen liegt, wie es klassisch schon Luther in seiner Freiheitsschrift getan hat:

> Sih also fleusset auß dem glauben die lieb und lust zu gott, und auß der lieb ein frey, willig, frolich lebenn dem nehsten zu dienen umbsonst. Denn gleych wie unser nehst nott leydet und unßers ubrigenn bedarff, alßo haben wir fur gott nott geliden und seyner gnaden bedurfft. Darumb wie uns gott hatt durch Christum umbsonst geholfen, alßo auch wir durch den leyp und seyne werck nit anders als dem nehsten helffen[105].

[105] WA 7,36,3-8.

PRINTED ON PERMANENT PAPER • IMPRIME SUR PAPIER PERMANENT • GEDRUKT OP DUURZAAM PAPIER - ISO 9706

N.V. PEETERS S.A., WAROTSTRAAT 50, B-3020 HERENT